Werner Adelmaier
Karl Filser
Wolfgang Hasberg
Michael Wandl

Geschichten erzählen 4

So lebten die Menschen in der Welt nach 1945

ÖBV Pädagogischer Verlag, Wien

In Verlagsgemeinschaft mit:
Ed. Hölzel, Wien
Hölder-Pichler-Tempsky, Wien
Verlag Jugend & Volk, Wien
www.lisa.or.at

Inhalt

Mit Bescheid des Bundesministeriums für Unterricht und kulturelle Angelegenheiten vom 10. März 1998, GZ 43.580/1-III/D/13/97, gemäß § 14 Abs. 2 und 5 des Schulunterrichtsgesetzes, BGBI. Nr. 472/86, und gemäß den derzeit geltenden Lehrplänen als für den Unterrichtsgebrauch an Hauptschulen und an allgemein bildenden höheren Schulen für die 4. Klasse im Unterrichtsgegenstand Geschichte und Sozialkunde geeignet erklärt.

Dieses Schulbuch wurde auf der Grundlage eines Rahmenlehrplans erstellt; die Auswahl und die Gewichtung der Inhalte erfolgen durch die LehrerInnen.

Liebe Schülerin, lieber Schüler,
du bekommst dieses Schulbuch von der Republik Österreich für deine Ausbildung.

Bücher helfen nicht nur beim Lernen, sondern sind auch Freunde fürs Leben.

SchBNr. **2897**

Geschichten erzählen 4: Die Welt nach 1945

ÖBV Pädagogischer Verlag, Wien

1. Auflage 1998

1. Auflage 1998 (1,00)

Umschlag und Ausstattung: Ing. Günther Plass
Hersteller: MANZ, 1050 Wien
Printed in Austria
ISBN 3-215-**12645**-1/(Klett Verlag ISBN 3-12-290033-5)

Leben in der kleiner werdenden Welt

In Österreich und Deutschland markiert das Jahr 1945, das Ende des Zweiten Weltkrieges, einen Neuanfang. Seither haben große technische und wissenschaftliche Fortschritte bewirkt, dass die Welt „kleiner geworden ist". Historische Ereignisse in entfernten Gegenden der Welt besitzen auch für uns Bedeutung. Von solchen Geschehnissen erzählen die Geschichten in diesem Heft.

„Na, kleiner wird sie bestimmt nicht, unsere gute, alte Erde", lacht Großvater. „Seit ich auf ihr lebe, und das sind schon über 70 Jahre, misst sie 40 000 km im Umfang, hat eine Oberfläche von 510 Millionen km^2 und besteht aus sieben Kontinenten. Da war euer Lehrer wohl etwas voreilig", wendet er sich an seine Enkelin.

„Es war nicht in Geografie. Im Geschichtsunterricht haben wir darüber gesprochen", wendet Petra ein. Und ihr Vater kommt ihr zu Hilfe: „Vielleicht meint Petras Lehrer nicht, dass die Erde kleiner wird, sondern der Platz auf ihr. Fast sechs Milliarden Menschen leben heute auf ihr. Nach dem Zweiten Weltkrieg waren es ungefähr zwei Milliarden . . ."

„Ja, als ich klein war, in den 30er-Jahren, lebten wir auf einem großen Gutshof in Ostpreußen, da hatten wir Platz", denkt Opa laut nach.

„Ja, ja," meint Petra, „darüber haben wir auch gesprochen. Aber nicht nur der Lebensraum wird kleiner, sagt unser Lehrer, vor allem die Wege werden kürzer und die Kommunikation wird schneller. Doch das habe ich nicht richtig verstanden."

„Siehst du", fällt ihr Opa ins Wort, „das verstehe ich auch nicht. Wieso wird die Welt kleiner?"

„Opa, hast du nicht erzählt, wie ihr nach dem Zweiten Weltkrieg mit Pferd und Wagen sechs Wochen gebraucht habt, um von Ostpreußen hierher zu ziehen?", wendet sich Vater an den Opa, der in Gedanken sagt: „Ja, das waren beschwerliche Zeiten!" „Und wie lange wart ihr unterwegs, als ihr letztes Jahr im Urlaub mit dem Auto dort wart?"

„Ja, der Fortschritt!" Opa gibt sich geschlagen: „Du hast Recht. Denk an deinen großen Bruder, Petra, der ist im letzten Jahr in nur vier Wochen mit der Eisenbahn durch fast ganz Europa gereist, und als ihr letztes Jahr Onkel Max in Amerika besucht habt, seid ihr ungefähr acht Stunden geflogen."

„Also hat unser Lehrer wohl Recht", freut sich Petra. „Was meint er aber damit, dass die Kommunikation immer schneller wird?"

....

....

....

„Das ist ein lateinisches Wort“, erklärt der Vater. „Es bedeutet, dass man einem anderen etwas gibt oder ihm eine Mitteilung macht. Im Büro sind wir mit dem Computer am Internet angeschlossen. Da kann ich in Sekundenschnelle eine Nachricht an unser Büro in Australien senden und genauso schnell erhalte ich Antwort. Mit jedem auf der Welt kann ich so kommunizieren, wenn er nur einen Internetanschluss besitzt. Ich glaube, Petra, euer Lehrer hatte wirklich Recht. Die Welt ist kleiner geworden!“

Als plötzlich das Telefon schrillt, steht Großvater schmunzelnd auf und meint: „Wenn das jetzt Onkel Max aus Amerika – wenn nicht gar der Mann im Mond – ist, habt ihr mich überzeugt!“

....

- *Ordne die Bilder auf den Seiten 3 und 4 den folgenden Erzählungen zu. Trage, nachdem du sie gelesen hast, die Bildunterschriften ein.*

Geschichten erzählen

4

So lebten die Menschen in der Welt nach 1945

NEUE RECHTSCHREIBUNG

ÖBV Pädagogischer Verlag

Liebe Leserinnen und Leser,

in diesem Heft findet ihr Geschichten, die Interessantes aus der Geschichte erzählen. Alle ausgewählten Erzählungen wollen Geschichte lebendig und verständlich machen. Ein wichtiges Ziel der Herausgeber war Erzählungen zu finden, die nicht immer die großen Persönlichkeiten der Geschichte in den Mittelpunkt stellen, sondern in erster Linie Menschen, die Geschichte im Rahmen ihrer Möglichkeiten mitgestaltet oder auch nur erlitten haben.
Die Erzählungen eignen sich zum Lesen daheim oder zum Auswerten im Geschichtsunterricht. Wir laden euch ein das eine oder andere Buch, aus dem sie entnommen sind, zu besorgen und sie weiterzulesen. Egal wie ihr sie nutzt, die Geschichten wollen euch zum Nachdenken und zum Weitererzählen oder Erfinden eigener Erzählungen anregen, vor allem aber sollen sie Spaß machen.

Die Herausgeber

Do you take my laundry?

In der Erinnerung von Robert Sponner, der als Zwölfjähriger das Kriegsende in der Nähe Augsburgs erlebte, hatte diese Zeit durchaus auch ihre spannenden Seiten. Für ihn, der nicht weit von einem großen Flugzeugwerk wohnte, war der Anblick der schrecklichen Folgen der Luftangriffe keine Besonderheit. Doch als im April 1945 amerikanische Soldaten die Gegend besetzten, begann eine andere Zeit. Lebhaft erinnert er sich an neue, aufregende Ereignisse.

Wenige Tage, bevor die Amerikaner kamen, mussten wir, die Mitglieder des *Jungvolkes,* entlang der Straße, unter dem Kommando eines *Volkssturm*mannes Schützenlöcher ausheben, je zwei Buben ein Loch für einen Mann. Doch sie wurden von niemandem mehr benutzt. Als sich die Amerikaner näherten, hatte sich das deutsche Militär längst davongemacht.

Als die Amerikaner am 28. April 1945 kamen, waren wir Buben natürlich dabei. Alle Warnungen doch zu Hause zu bleiben und möglichst in die Keller zu gehen, nützten nichts. Als sich die ersten Panzer durch lautes Rasseln von weitem bemerkbar machten, bezogen wir unter den Kastanienbäumen beim Gasthaus „Alpenrose" Stellung. Bald erschienen die ersten drei Panzer. Sie fuhren langsam an uns vorbei. Hinter ihnen kam ein Farbiger auf einem Wanderer-Leichtmotorrad, das offensichtlich nicht „ging", weil er es nur durch Treten bewegen konnte. Als er bei uns kurz stoppte und durch Gestikulieren andeutete, dass er mit dem Fahrzeug nicht zu Rande komme, sahen wir den ersten Farbigen in unserem Leben aus der Nähe. Es war aufregend. Ihm folgten in kleineren und größeren Abständen einzelne Soldaten zu Fuß, ihre Maschinenpistolen im Arm. Manche von ihnen grüßten mit „Hallo" oder winkten, die anderen nahmen von uns keine Notiz. Dann fuhren Lastwagen mit Mannschaften an uns vorüber. Und das war's auch schon. Alles war ruhig und friedlich verlaufen, kein einziger Schuss war gefallen.

Die amerikanischen Besatzungssoldaten, die sich in der ehemaligen Fliegerschule und im Verwaltungsgebäude von *Messerschmitt* einquartiert hatten, erregten in den nächsten Wochen und Monaten unser lebhaftes Interesse. Wir hatten den ganzen Sommer keine Schule und daher viel Zeit. Wenn es irgendwie ging, waren wir Kinder um sie herum und lernten auch schnell ein paar Brocken Englisch. „Ich geh' zu den Amis", war zu Hause mein täglicher Abschiedsgruß, den meine Mutter mit „Ja, schau, dass du was

Jungvolk
Teil der Hitlerjugend, der aus den 10- bis 14-Jährigen bestand

Volkssturm
Verteidigungstruppe, in die 1944 alle Männer zwischen 16 und 60 eingezogen wurden, die nicht der Wehrmacht angehörten

Messerschmitt
Flugzeugwerk in Augsburg, in dem unter anderem die berühmte Me 109 hergestellt wurde, die das meist eingesetzte Flugzeug im Zweiten Weltkrieg wurde

Im Haunstetter Wald bei Augsburg – Aufnahme aus den 70er-Jahren

legal
Rechtmäßig
Hugo
Hier Spitzname für Zigarettenkippe

mit heimbringst!", zu beantworten pflegte. Zunächst wollten wir ausschließlich Schokolade, die es während des Krieges nur höchst selten gegeben hatte, und dann auch Kaugummi, den wir bisher überhaupt nicht kannten. Besonders stolz waren wir, wenn wir die eine oder andere Dose mit Fleisch, Erdnussbutter, Marmelade oder Gemüse ergattern konnten. Natürlich wurde nicht alles *legal* erworben. Da kam es schon vor, dass wir diese Dinge auch „organisierten", z.B. aus einem unbewacht abgestellten Ami-Laster.

Als wir mitbekamen, wie sehr amerikanische Zigaretten gefragt waren, begannen wir um sie zu betteln oder wenigstens die Kippen zu sammeln. Daraus ließ sich gut Pfeifentabak gewinnen oder es wurden neue Glimmstengel zusammengedreht. Damals ist kein *Hugo* liegen geblieben, der sich noch verwerten ließ. An der Fliegerschule warteten wir oft, bis die Soldaten, die dort gerne auf der Mauer saßen, die Kippen wegwarfen. Nicht selten machten sie sich ihren Spaß daraus, sie zuerst in die eine, dann in die andere Richtung zu schnippen, so dass wir hin- und herflitzen mussten, um sie zu erhaschen. Mit der Absicht uns zu ärgern, zerbröselte manch einer genüsslich seinen „Hugo" vor unseren Augen.

Auch beim Hauptgebäude von Messerschmitt trieben die Amis mit uns ihren Schabernack, wenn wir scharenweise auf ihre „milden Gaben" warteten. Manchmal warfen sie zuerst Zigaretten herunter und schütteten dann einen Kübel Wasser hinterher. Natürlich sammelten wir Zigaretten nicht nur, sondern rauchten sie auch. Mir wurde aber das erste Mal so hundeübel, dass ich es von da an bleiben ließ.

Einige von uns Kindern nutzten ihre Kontakte zu den Amerikanern, indem sie regelrechte Geschäftsbeziehungen aufbauten. Hauptgegenstand war ihre Wäsche, die wir unseren Müttern zum Waschen nach Hause brachten. Zunächst wurden diejenigen von uns bevorzugt, die die Frage „Do you have a sister?" positiv beantworten konnten. Da ich keine „sister" hatte, setzte ich auf die Qualität der Arbeit. Meine Mutter konnte die amerikanischen Wünsche nach sauberen und vorschriftsmäßig gebügelten Hemden – jedes musste drei exakte Bügelfalten am Rücken haben – ausgezeichnet befriedigen,

Amerikanische Panzer rücken in die zerstörte Innenstadt von Nürnberg ein.

so dass allmählich regelmäßig Arbeit und Verdienst ins Haus kam. Dafür stand meine Mutter die meiste Zeit des Tages in der Waschküche im Keller oder beim Bügeln in der Küche. Es gab ja damals keine Waschmaschine und ein elektrisches Bügeleisen hatten wir noch nicht. Wenn draußen nichts trocknete, hing manchmal die ganze Wohnung voller Hemden und Unterhosen. Trotzdem wartete ich schon auf den nächsten Auftrag: „Do you take my laundry?“ „Of course I do!“
Bald hatte ich einen festen Kundenkreis, der von mir fast professionell betreut wurde. Bei dem einen musste ich die Säcke mit der Schmutzwäsche selbst abholen, andere brachten sie mit dem Jeep. Small, ein Schwarzer, brachte seinen Sack immer in mein Zimmer und kippte sein Entgelt, Zigaretten, Schokolade und die begehrten Dosen, aus seinen Taschen auf mein Bett. „Is it okay?“ „It’s okay!“ Die begehrteste Entlohnung waren natürlich Zigaretten. Unser Vorteil war, dass in der Familie niemand rauchte, weshalb alle Zigaretten als wertvolles Tauschmittel verwendet werden konnten. Mit Zigaretten ging einfach alles.
Um unsere „Wäscherei“ kümmerte ich mich auch, als im Herbst 1945 die Schule wieder anfing. Schule war damals für uns eher Nebensache. Unsere Geschäfte mit den Amerikanern dauerten etwa eineinhalb Jahre, dann ließen sie nach. Ein Grund war, dass ich 1946 aus der Schule kam und eine Lehre als Zimmermann begann, ein anderer, dass die Soldaten auch nicht mehr über so viele „Zahlungsmittel“ verfügten wie zu Beginn. Jedenfalls haben Mutter und ich damals nicht selten mehr verdient als mein Vater, der in einer Schlosserei arbeitete.

Amerikanische Straßenkontrollen in Bayreuth 1945

- *Manchmal kam es vor, dass die Jugendlichen Dinge „organisierten“. Was ist damit gemeint?*
- *Vergleiche das „Organisieren“ mit den Geschäftsbeziehungen, die Jugendliche und Amerikaner miteinander unterhielten.*
- *Versetze dich in die Lage eines der jungen amerikanischen Soldaten und berichte in einem Brief an deine Freunde in den USA über deine Erlebnisse im fernen Deutschland.*

Auf der Flucht

Nachdem der Zweite Weltkrieg beendet war, wurden die Deutschen aus den Gebieten ausgewiesen, in denen sie seit Jahrhunderten gewohnt hatten, die nun aber zu Polen, zu Ungarn oder zur damaligen Tschechoslowakei gehörten. Sie mussten ihre Häuser und Höfe – die Heimat – verlassen. Nach oft beschwerlichen, mehrwöchigen Wanderungen oder in überfüllten Zügen gelangten sie in den Westen.

Der Bürgermeister hatte ausrufen lassen, dass alle Hausbesitzer und Wohnungsinhaber um 14 Uhr beim Bahnhofsgasthof sein sollten. Man erwartete einen Transportzug aus der Tschechei.

Da wir in einem entfernten Vorort wohnten, war es bei uns kaum zu Kämpfen oder Bombardierungen gekommen. Die Gaststätte am Bahnhof und ihr großer Saal waren unbeschädigt geblieben.

Als der Gemeindebote die Anordnung des Bürgermeisters ausrief, sagte unser Vater: „Jetzt kommen die Flüchtlinge."

Mutter begann gleich laut zu jammern und meinte: „Die fehlen uns

Deutsche auf der Flucht

gerade noch! Sollen sie doch bleiben, wo sie sind. Ihr seht ja, dass Brot, Mehl, Fett und Fleisch kaum für die Einheimischen ausreichen. Wir sind selber nah am Verhungern."

„Die blieben gern dort, wo sie geboren wurden", meinte Vater. „Aber sie können nicht. Man hat sie aus ihrer Heimat fortgejagt. Vierzehn Millionen kommen auf uns zu: aus Ost- und Westpreußen, Schlesien, Böhmen, Mähren, aus dem Donauland und dem ganzen Osten, wo sich ihre Vorfahren einstmals angesiedelt haben. Es ist die Rache der Geschichte an Hitlers Großdeutschland, das ausgezogen war, Polen, Tschechen und anderen Ostvölkern das Lebensrecht zu nehmen!"

„Was soll das nur werden?", klagte die Großmutter. „Ist es nicht genug, dass die Alliierten unser Land besetzt haben? Es sitzt ja so schon alles zu dicht aufeinander."

„Aufnehmen müssen wir sie", erklärte Vater. „Wir haben den Krieg genauso verloren wie die Heimatvertriebenen. Nur hat es uns Gott sei Dank nicht so arg getroffen wie die, die alles verloren haben."

„Aufnehmen!", schimpfte jetzt der Großvater. „Du hast leicht reden, du bist nicht der Hausbesitzer! Wir aber haben schon dich und deine Familie aufgenommen, weil ihr in der Stadt ausgebombt seid. Sechs Personen in einem Haus, das für zwei gebaut ist! Sollen wir vielleicht noch enger zusammenrücken?"

Doch Vater nahm uns zwei Kinder bei der Hand und sagte: „Und jetzt wollen wir die Flüchtlinge begrüßen."

Am Bahnhof waren eine Menge Leute versammelt. Ein Güterzug war auf das tote Gleis geschoben worden, auf dem sonst die Fabrik ihre Waren verlud.

In den Güterwaggons hatte man offenbar Menschen transportiert, denn noch immer kletterten Frauen, Kinder und alte Männer heraus. Sie luden dürftiges Hausgerät, zusammengeschnürte Bündel mit Wäsche, Kleidern, Decken und etwas Geschirr aus. Am Bahnsteig stapelte sich bereits eine Menge ärmlicher Besitztümer.

Ein Zug mit Heimatvertriebenen

Partisanen
Widerstandskämpfer, die mit gewalttätigen Aktionen die feindlichen Armeen zu behindern suchen

Die Sanitätskolonne und das Rote Kreuz bemühten sich um eine Anzahl Kranker oder Verletzter, die auf Tragbahren lagen. Weil es an Autos fehlte, schaffte man sie mit Leiterwagen und Pferden weg.
Gott weiß, wohin! Das nahe Krankenhaus war zum Teil zerbombt, der Restteil so überbelegt, dass die Kranken auf den Gängen und im Keller auf dem Boden lagen. Wir sahen schon, dass die Mehrzahl der Flüchtlinge aus Frauen und Kindern bestand. Die Männer waren entweder Greise, Krüppel oder Invalide. Vater erklärte uns, dass man die Männer in Straflagern zurückbehalten habe. Sie mussten beim Wiederaufbau helfen. Andere aber waren Soldaten gewesen und saßen nun am anderen Ende der Welt, in sibirischen und ukrainischen Gefangenenlagern.
Eines der Kinder wollte wissen, warum die Flüchtlinge so wenig Gepäck mitgebracht hätten – warum keine Möbel, keine Haustiere, keine schönen Kleider, ganz zu schweigen von Autos, Fahrrädern oder Maschinen. Das hörte ein alter Mann, der nun zu uns trat und in einem etwas fremd klingenden Deutsch Auskunft gab.
„Ich heiße Josef Zecbe. Auf meinem landwirtschaftlichen Besitz in Kuntzendorf in Mähren sitzt seit November 1945 ein Tscheche als Verwalter. Er quälte nicht nur meine ganze Familie, sondern bedrängte das ganze Dorf. In allen Häusern nahm dieser tschechische Verwalter Kontrollen vor. Dabei stahl er, was ihm gefiel. Als wir endlich ausgesiedelt wurden, behielt er die besten Sachen zurück. Den Rest unserer Habe nahmen uns die Grenzsoldaten, die Polizei und die *Partisanen* ab. Deshalb sind wir mit leeren Händen hierher gekommen."
Vater und wir Kinder gingen aufmerksam durch die Reihen der Flüchtlinge. Der Bürgermeister und einige Gemeinderäte stellten eben Listen zusammen. Sie hatten die schwere Aufgabe die Leute in Quartiere einzuweisen. Irgendwo mussten sie nachts schlafen, irgendetwas sollten sie zu essen bekommen. Eine alte Feldküche im Hof des Bahnhofswirtes qualmte und auch in der Wirtsküche machte man Kaffee und Suppe. Den Kaffee kochten die Wirtsmägde aus dem Kaffeesatz, den die Amerikaner auf den Abfallhaufen geworfen hatten, und die

Voll bepackter Wagen eines Flüchtlingstrecks im Jahre 1945

Suppe bestand aus den Resten der Mahlzeiten, welche die amerikanischen Soldaten fortwarfen.
Vater hatte einen Kriegsinvaliden auf Krücken entdeckt, der noch eine zerschlissene Uniform trug. Der Mann hatte ein kluges Gesicht hinter der scharfen Stahlbrille. Er hieß Dr. Kurt Zamsch und war Arzt.
„Ich wurde am 6. Oktober 1945 wegen erheblicher Unterernährung aus russischer Kriegsgefangenschaft in meine Heimat Mähren entlassen“, berichtete er. „Bei meiner Ankunft in Brünn am 4. November nahmen mich die Tschechen fest und brachten mich in das Kriegsgefangenenlager Kurim. Dort schrieb man mich gleich wieder arbeitsunfähig, trotzdem musste ich mehrmals beim Heranschaffen von Brennholz mitarbeiten. Das bedeutete einen Tagesmarsch von 24 Kilometern mit Belastung. Es überstieg meine Kräfte, ich brach zusammen, doch man trieb mich mit Stockschlägen an.“
Der Mann wurde von seiner Frau unterbrochen, die erzählte, wie die deutschen Häftlinge – fast nur Frauen und Kinder – ausgeplündert, geprügelt und geschunden wurden. Sie hatten aus Schweinetrögen essen und aus Abfallkübeln trinken müssen. Dabei erhielten sie fünfzehn Gramm Brot täglich und eine Tasse dünnen Kaffee. Man hatte den Frauen die Haare abgeschoren und ihnen mit Farbe ein Hakenkreuz auf den Rücken gemalt. Die Anrede war nur „deutsches Schwein!“ Die Arbeit für die Frauen bestand im Mörtelmischen, Ziegelschleppen und Steineklopfen.
Wir hörten mit großen Augen zu und waren ganz still geworden.
Vater aber ging zum Bürgermeister und sagte, indem er auf den invaliden Arzt und seine Frau deutete: „Diese beiden nehmen wir auf.“
So kamen Dr. Franz Zamsch und seine Frau zu uns. Sie blieben ungefähr fünf Jahre in einer einzigen Kammer mit Kochnische und Wasserhahn. In unserem winzigen Gemüsegärtchen bauten sie Grünzeug, Kohl und Salat an. Dann zog der Arzt in seine neu gebaute Praxis um. Heute ist Dr. Franz Zamsch einer der angesehensten Gemeindebürger und wohnt in einer schönen Villa, wo er auch seine Praxis hat. Der alte Gutsbesitzer aus Kuntzendorf in Mähren hat es noch erlebt, wie ihm durch Unterstützung der Regierung der Kauf eines schönen Neubauernhofes möglich wurde. Er liegt ganz nahe bei unserem Ort. Die Kinder und Enkelkinder des alten Mannes kennen die Heimat ihrer Eltern und Großeltern nicht mehr. Ihre Heimat ist unser Dorf.

- *Gibt es auch heute noch Flüchtlinge? Aus welchen Gründen müssen diese ihre Heimat verlassen?*
- *Wie werden Flüchtlinge bei uns aufgenommen?*
- *Stell dir vor, deine Familie musste eine Flüchtlingsfamilie mit zwei Kindern aufnehmen. Wie würdest du die Räume eurer Wohnung verteilen?*

Seine Haare hatten keine Farbe mehr

Nachdem sie viele Jahre an der Front gekämpft hatten, gerieten am Ende des Zweiten Weltkrieges viele deutsche und österreichische Soldaten in die Gefangenschaft der Alliierten. Erst nach Wochen, Monaten oder sogar erst nach Jahren konnten sie in die Heimat zu ihren Familien zurückkehren. Eine Frau erinnert sich daran, wie sie als kleines Mädchen 1946 ihrem Vater (wieder-)begegnete.

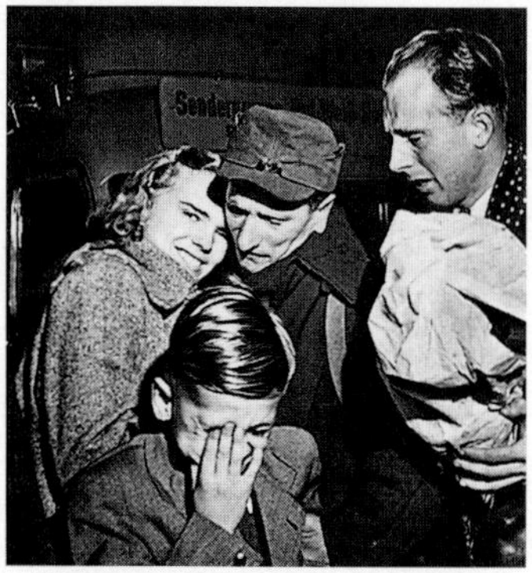

Rückkehr aus Kriegsgefangenschaft

Noch vor dem Sommer war der Krieg zu Ende.
„Keine Bomber mehr?", fragte ich meine Mutter.
„Keine Bomber. Auch keine Tiefflieger mehr", sagte sie.
Vor den Tieffliegern hatte ich die größte Angst gehabt. Meine Schwester hatte sich nicht so sehr gefürchtet. Sie war noch zu klein, erst drei Jahre alt.
Bald begann für die großen Kinder die Schule wieder. Die kleinen Kinder konnten in den Kindergarten gehen. Man konnte wieder Briefe schreiben. Die Briefe kamen an. Auf manchen Strecken konnte man mit der Eisenbahn fahren. Die Züge kamen an. Meine Schwester und ich gingen in den Kindergarten. Die Kinder im Kindergarten erzählten von ihren Vätern. „Meiner hat einen Brief geschrieben", erzählten sie. „Meiner kommt bald heim."
„Meiner ist mit dem Zug gekommen", erzählten sie. „Meiner ist gefallen. Der kommt nimmer", erzählten sie. Sie fragten mich nach meinem Vater. „Meiner ist in Kriegsgefangenschaft", sagte ich.
„Wo?", fragten sie.
Das wusste ich nicht. „Aber er kommt bald heim", sagte ich. Das wusste ich. Auch meine Schwester wusste es. Wir wussten es von unserer Mutter. Sie sagte immer: „Der Vati kommt bald." Ich erzählte den Kindern, was ich noch alles über meinen Vater wusste: „Er hat schwarzes Haar mit ganz großen Locken. Er kann singen. Er kann tanzen. Er kann Theater spielen. Er ist so lustig, dass er alle Leute im Theater zum Lachen bringt. Er verkleidet sich als Müller oder Kellner oder Zirkusdirektor. Manchmal setzt er sich eine Glatze auf. Aber ich erkenne ihn immer."
Meine Schwester nickte ernst. Auch sie erkannte unseren Vater immer. Wir kannten alle seine Fotos und bei jedem Bild hatte uns unsere Mutter gesagt, welche Rolle er da spielte und welche Lieder er dazu sang. Die Kinder beneideten uns, weil unser Vater so lustig war. „Fein, dass er bald heimkommt", sagten sie.
Es wurde Weihnachten. Der Winter verging. Es wurde Frühling. Zu Ostern bekamen wir im Kinder-

garten ein buntes Ei. Es wurde Muttertag. Wir malten rote Herzen. Die konnte man aufklappen und dann sah man einen Blumenstrauß.

Der Muttertag war vorbei und unser Vater war noch immer nicht da. Die Kinder im Kindergarten fragten uns nicht mehr nach ihm. Ich erinnere mich heute noch an einen schönen Junimorgen. Meine Mutter führte uns in den Kindergarten. Meine Schwester ging an ihrer rechten Hand, im Schutz der Hausmauern. Ich ging an ihrer linken Hand, an der Straßenseite, denn ich war ja die größere.

Es war warm und sonnig, wir hatten dünne Kleider an. Da sah ich einen Mann die Straße heraufkommen.

Ein komischer Mann, dachte ich.

Er war viel zu warm angezogen. Er trug eine graue Mütze auf seinem Kopf. Er hatte hohe Schuhe an; die Riemen, mit denen er sie verschnürt hatte, waren zu kurz. Ich sah, dass er Zeitungspapier in die Schuhe gestopft hatte. Ich staunte.

Der Mann hatte eine kleine, runde, graue Flasche an seinen Gürtel geschnallt. Neben der Flasche baumelte ein Essnapf.

Der Mann hatte eine Decke um die Schultern gewickelt. Die Decke war grau. Der ganze Mann war grau, auch sein Gesicht. Nur sein Haar war nicht grau, das hatte überhaupt keine Farbe; in Borsten starrte es unter der Mütze hervor.

Der Mann schaute uns an.

Er öffnete den Mund, aber es kam nicht gleich eine Stimme heraus. Dann rief er: „Erna!“

Meine Mutter packte uns fester an der Hand. Sie wollte in die Gasse einbiegen, wo unser Kindergarten war. „Der Mann“, sagte ich, „der Mann da ruft dich!“

Meine Mutter blieb stehen.

„Erna!“, rief der Mann noch einmal.

Meine Mutter schaute zurück. Sie ließ unsere Hände los. „Axel!“, rief sie und lief dem Mann entgegen.

Da wussten wir, dass dieser fremde graue Mann unser Vater war. Ich weiß nicht mehr, wie sie sich begrüßten. Ich weiß nicht mehr, was er zu uns Kindern sagte. Aber ich erinnere mich, dass die Leute auf der Straße stehen blieben. Sie blieben stehen und schauten uns zu und sagten: „Da ist wieder einer heimgekehrt.“

Die Mutter nahm uns an der Hand und führte uns nach Hause. Der Vater ging neben uns. Er betrachtete meine Schwester und mich von der Seite.

Er sagte: „So was! So große Damen!“

Da lachte ich, weil er „Damen“ gesagt hatte.

Im Stillen aber wunderte ich mich, dass er unser Vater war. Ich kannte ihn doch von allen seinen Bildern. Ich kannte ihn in jeder Verkleidung. Ich konnte mir nicht vorstellen, dass dieser graue Mann alle Leute im Theater zum Lachen brachte.

Zu Hause sagte ich zu meiner Mutter: „Du hast ihn auch nicht erkannt.“

Spätheimkehrer aus Russland 1955

„Oh ja“, sagte meine Mutter. „Ich habe seine Stimme erkannt.“
„Du hast ihn rufen gehört? Warum bist du dann weitergegangen?“
Meine Mutter schaute mich an. „Ich habe ihn immer rufen gehört“, sagte sie. „Ich habe mir so sehr gewünscht, dass er heimkommt. Ich habe an nichts anderes mehr gedacht. Immerfort habe ich geglaubt, dort kommt er mir auf der Straße entgegen. Ich habe geglaubt, jetzt kommt er die Stiegen herauf. Ich habe deutlich seine Schritte gehört. Ich habe gehört, wie er aufsperrt. Ich habe ihn rufen gehört. Aber es war nie wirklich. Und wie er mich heute wieder gerufen hat, habe ich geglaubt, nur ich hör's in meinem Inneren.“
Ich sagte: „Er riecht so komisch.“
„Das ist Zigarettenrauch“, sagte sie. „Im Zug hat ihm jemand Zigaretten geschenkt.“
„Und seine Haare haben keine Farbe“, sagte ich.
Meine Mutter antwortete: „Es wird alles wieder werden.“ Das sagte sie oft in der nächsten Zeit.
Meine Schwester und ich gewöhnten uns an unseren Vater. Er wurde uns immer weniger fremd. Er spielte mit uns. Er sang Lieder, die er auf der Bühne gesungen hatte.
Sein Haar bekam wieder Farbe. Zuletzt war es schwarz und lockig wie früher.
Manchmal erzählte er uns Geschichten aus dem Lazarett und aus der Gefangenschaft. Immer war in den Geschichten etwas, über das man schmunzeln musste.
„Und im Krieg?“, fragten meine Schwester und ich. „Was hast du im Krieg erlebt?“
Über den Krieg wollte er nie reden. „Das sind keine Geschichten zum Erzählen“, sagte er.
Von den Geschichten, die er nicht erzählen konnte, erfuhren wir aber doch etwas. In den Nächten, da schrie mein Vater im Schlaf. Er schrie so laut und so furchtbar, dass wir alle aufwachten. Wir rannten an sein Bett und schüttelten ihn, bis er munter war. Er war entsetzt, wenn er merkte, dass er uns mit seinem Geschrei aufgeweckt hatte. Er entschuldigte sich. Er sagte: „Ich habe geträumt.“
„Was hast du denn geträumt“, fragte ich, „dass du so schreien musst?“
„Vom Krieg“, sagte er und war für einen Augenblick wieder der fremde graue Mann, der uns auf der Straße entgegengekommen war.
„Es ist doch alles vorbei, es ist alles wieder gut“, sagte meine Mutter und brachte uns ins Bett. „Schlaft nur.“
Aber für einen Mann, der im Krieg gewesen war, konnte nie mehr im Leben alles vorbei und wieder gut und wie früher sein. Das wussten wir nun, meine Schwester und ich. Jedesmal, wenn wir unseren Vater im Traum schreien hörten, wussten wir es von Neuem.

- *Erkläre, warum die Kinder ihren Vater nicht erkannten.*
- *Welche Fragen hättest du an deinen Vater gehabt, wenn dieser vier oder fünf Jahre im Krieg und dann in Gefangenschaft gewesen wäre?*
- *Versucht euch Geschichten auszudenken, bei welcher Gelegenheit andere Kinder ihrem Vater nach dem Krieg wiederbegegnet sein könnten. Spielt eure Geschichten der Klasse vor.*

Morgennebel 1945

Noch lange waren die Menschen nach dem Zweiten Weltkrieg von den Folgen der Zerstörungen betroffen. In den Städten mussten die Trümmerberge beseitigt und die durch Bomben zerstörten Häuser in Stand gesetzt werden. Als Erstes aber mussten die Fabriken und Werkstätten wiedererrichtet werden, damit sie schnellstens die Produktion wieder aufnehmen und die Menschen mit dem Notwendigsten versorgt werden konnten. Anfangs leisteten vor allem Frauen diese Arbeit, weil viele Männer im Krieg gefallen waren oder von den Siegermächten in Gefangenschaft gehalten wurden. Erst nach und nach kamen sie in die Heimat zurück. Zu den ersten gehörte Erwin Zaller, der bereits 1945 in seine Heimatstadt Linz zurückkehrte.

Es war ein milchiggrauer Morgen und über den Schuttbergen lagen dünne Nebelschleier. Es sah so aus, als hätte jemand Feuer gelegt und der erste graue Rauch wäre eben hervorgekrochen. Während Erwin Zaller zwischen den Betonbrocken vorwärts stolperte, Haken schlug und ein wenig ratlos nach der Aufnahmsbaracke Ausschau hielt, versuchte er vergeblich sich ein Bild ins Gedächtnis zurückzurufen. Einst – das war Jahre her – hatte er hier im Stahlwerk gearbeitet. Es war ein mächtiger Bau mit riesigen Hallen gewesen, aber es fiel ihm nicht mehr ein, wie sie ausgesehen hatten. Inzwischen hatte er zu viel gesehen: zerschossene Häuser, zerbombte Fabriken, durch die der Wind gepfiffen hatte; dort hatten sie sich verschanzt, müde und nass, und bei jedem Schritt hatte zersplittertes Glas unter ihren Füßen geknirscht. Das Stahlwerk – das Bild war weggewischt wie vieles, was vorher gewesen war.

Aufräumarbeiten auf einem Fabriksgelände

Zaller erinnerte sich dunkel an die Schule, an das Gesicht eines Lehrers, dessen Namen er vergessen hatte. Aber immer wieder schoben sich andere Eindrücke dazwischen: der Linzer Hauptbahnhof, von dem aus er an die Front gefahren war. Der Bahnhof war zerstört gewesen, Tag und Nacht hatte man dort gearbeitet, nachts hatten riesige Feuer gebrannt.
Er blickte flüchtig auf seine Hosenbeine hinunter, die an ihm flatterten wie an einer Vogelscheuche. Er trug noch immer den Uniformrock, zweimal hatte er ihn gewaschen, aber noch immer bildete er sich ein den Geruch des Krieges zu spüren: lehmige Erde, den kalten Schweiß der Angst, als sie in einem zerstörten Haus hocken mussten. Alles war schwarz gewesen, die Wände, der Fußboden, tiefschwarz von Ruß und Asche, und zwei Tage lang hatte der Himmel gedröhnt und rote Feuerwolken waren träge vorbeigezogen. Ganz plötzlich stand er vor der Holzbaracke, öffnete eine Tür, innen war es dunkel und warm und seine Brille beschlug sich, so dass er ratlos dastand und verlegen lächelnd die Brille abnahm. „Ich soll hier zu arbeiten anfangen", sagte er.
„Schon im Personalbüro gewesen?", fragte eine Stimme.
Zaller setzte die Brille wieder auf und erblickte einen Ofen, einen Tisch und einen Mann, dessen rechter Rockärmel leer hinabhing.
„Ja", sagte er. „Ich heiße Zaller."
„Schon einmal hier gearbeitet?"
„Ja", sagte er, „als Dreher."
„In nächster Zeit wird es hier nichts zum Drehen geben", sagte der Mann, „wir sind hier Maurer, Tischler, Zimmerleute, Hilfsarbeiter, alles zusammen."
„Ja", sagte er, „das habe ich mir gedacht."
Langsam verlor er seine Befangenheit. Manchmal, in den letzten Tagen des Krieges, hatte er daran gedacht, wie es sein würde, nachher. Und er hatte sich geschworen eine Woche lang nur zu schlafen, nichts sonst. Und dann war ihm plötzlich eingefallen, dass er vielleicht alles verlernt haben könnte, die Handgriffe, und er hatte die Finger auf und ab bewegt, immer wieder hatte er sie angesehen. Und er hatte über allerlei nachgegrübelt, was er in der Berufsschule gelernt hatte, lächerliche Kleinigkeiten waren ihm einge-

Deutsche Stadt 1945

fallen, und dazwischen lagen große graue Gedächtnislücken.
„Es wird schon gehen“, sagte der Mann. „Gehen Sie draußen zum Meister und sagen Sie ihm, der Zasterer hat Sie geschickt.“
„Danke“, sagte er.
„Und viel Glück!“, sagte der Mann.
Wie lange war es her, dass ihm jemand viel Glück gewünscht hatte? Seine Mutter in den Briefen, aber eines Tages waren die Briefe ausgeblieben, und dann hatte man ihm geschrieben, das Haus sei von einer Bombe getroffen worden und keiner im Haus habe den Angriff überlebt.
Er stolperte wieder ins Freie, ganz leicht hatte es zu regnen begonnen.
Hinter einem Schuttberg hörte er Stimmen und gleich darauf sah er ein Dutzend Männer, die mit Krampen arbeiteten und Betontrümmer auf einen Karren luden.
„Der Zasterer hat mich geschickt“, sagte er automatisch.
„In Ordnung“, sagte einer der Männer. „Und jetzt siehst du, wie ein Stahlwerk ausschaut.“
„Und was soll ich tun?“, fragte er.
Der Mann, mit dem er sprach, hatte gute Augen mit vielen kleinen Falten rundherum.
„Wenn das wieder ein Stahlwerk werden soll, dann muss zuerst der Schutt weg“, sagte der Mann, „bis hinüber zu den Öfen. Da arbeiten schon einige Hundert daran. Wir graben zuerst so eine Art Straße durch den Dreck. Da können dann die Lastwagen durch.“
„Gut“, sagte er.
„Nimm die Augengläser herunter“, sagte der Mann. „Und wenn dir ein Zeitzünder unter den Krampen kommt, nimm ihn nicht mit nach Hause!“
Ein paar Männer lachten und Zaller lachte mit. Er nahm einen Krampen und begann gegen die Trümmer zu schlagen, bei jedem Hieb prellte der Holzstiel und der Schmerz lief ihm durch den Körper. Dann nahm ihm ein Mann den Krampen ab und zeigte ihm, wie er zuschlagen müsse, ohne viel Worte, er lächelte nur und war gleich darauf wieder fort.
Später kam Zaller zu den Schubkarren, er fuhr mit einem alten, verrosteten Ding, dessen Rad schief lief, auch die Griffe waren rostig und er sah, wie seine Hände braun wurden.
Er war diese Arbeit nicht gewohnt, und der Rücken begann ihn zu schmerzen, sein Atem ging kürzer, aber er machte keine Pause, er keuchte nur und wenn er aufblickte, sah er vor sich eine merkwürdige Landschaft. So musste der Mond aussehen: kleine Berge, große Berge, Krater dazwischen. Und hundert sinnlose Dinge: ein verbogenes Rohr, das wie eine Riesenschlange zum Himmel ragte; zwei Betonpfeiler, zwischen denen schief eine Tür hing, die ins Nichts führte; eine zerfetzte Hakenkreuzfahne, wahrscheinlich hatte sie in den letzten Kriegstagen irgendjemand heimlich hierhergetragen und zwischen die Trümmer geworfen; eine Flasche;

Briefmarken von 1950

Trümmerfrauen bei der Arbeit

- *Beschreibe, mit welchen Gefühlen Zaller seinen ersten Arbeitstag erlebt.*
- *Worauf ist es zurückzuführen, dass er am Ende neue Hoffnung fasst?*
- *Vielleicht hast du schon einmal den Ausdruck „Trümmerfrauen“ gehört. Versuche ihn mithilfe der Bilder (S. 16 und S. 18 zu erklären.*
- *In Österreich wurden wichtige Industriebetriebe verstaatlicht, um sie vor privaten Spekulationen zu schützen und die Produktion möglichst rasch in Gang zu setzen. Erläutere mithilfe der Briefmarken (S. 17), welche Industriezweige dazu gehörten und warum gerade diese.*

ein großes Bündel fast schwarzer Kleider; ein aufgeplatztes Fass mit Teer.

Der Regen fiel vom Himmel, lief über sein Gesicht, vermischte sich mit dem Schweiß. Das Wasser machte den Schutt noch schwerer und Zaller musste die letzten Schritte, bevor er den Karren kippte, im Laufschritt machen. Einmal brachte er den Karren nicht hoch, das Gefährt fiel zurück, streifte sein Bein, dass er vor Schmerz aufschrie.

„Zigarette?“, fragte einer der Männer.

„Danke“, sagt er.

„Du bist neu, was?“

„Gerade erst zurück“, sagte Zaller.

„Ist gleich Pause“, sagte der Mann. „Am Anfang glaubt man, man kommt um, aber nach einer Woche hat man sich daran gewöhnt.“

Eine verrostete Sirene heulte durch den Regen.

„Pause“, sagte der Mann.

Zaller blickte über die Schuttberge, über die endlosen Haufen aus Beton, Ziegeln und Drähten und er fühlte, wie er mutlos wurde.

„Das schaffen wir nie“, sagte er.

„Komm weiter rauf“, sagte der Mann.

Sie kletterten einen Schuttkegel hinauf. Von dort aus konnte man das Gelände überblicken. Überall standen kleine Gruppen von Männern. Wie Ameisen sahen sie aus, aber sie hatten sich schon ein Stück vorwärts gegraben und weit drüben bauten sie an einer Halle. Zaller sah weiter unten den Mann mit den Falten um die Augen, er hob die Hand und winkte zu ihnen hinauf. Und plötzlich hatte Zaller das Gefühl dazuzugehören. Es war ein angenehmes, warmes Gefühl. Er hob die Hand und winkte zurück.

„Vielleicht schaffen wir es doch“, sagte er und wischte sich den Regen aus dem Gesicht.

Trümmer, Not und Elend

Betrachtet die Bilder und findet Überschriften.

Diese Zeichnung Oskar Kokoschkas erschien als Inserat in Großbritannien. Was sagt sie aus?

Lebensmittelration für den Monat Juni 1945
7500 g Brot
600 g Fleisch
900 g Nährmittel
210 g Fett
450 g Zucker
50 g Kaffee-Ersatz
400 g Salz

Bringt Lebensmittel mit und stellt diese Monatsration zusammen.
Vergleicht damit euren monatlichen Bedarf an Lebensmitteln.

Bestellschein auf **Milch**
24. 6. bis 21. 7. 1946
16 **Sgl** Wien

Bestellschein übernommen:
(Geschäftsstempel)

Zentralernährungsamt Wien
24. 6. bis 21. 7. 1946
Milchkarte Sgl
für Kinder bis zu 1½ Jahren
(Name)
geboren am
(Wohnung)
16 Wien

F/Sgl 16 Wien
E/Sgl 16 Wien
D/Sgl 16 Wien
C/Sgl 16 Wien
B/Sgl 16 Wien
A/Sgl 16 Wien

Milch 21. 7. 1946 Sgl Wien	Milch 14. 7. 1946 Sgl Wien	Milch 7. 7. 1946 Sgl Wien	Milch 30. 6. 1946 Sgl Wien
Milch 20. 7. 1946 Sgl Wien	Milch 13. 7. 1946 Sgl Wien	Milch 6. 7. 1946 Sgl Wien	Milch 29. 6. 1946 Sgl Wien
Milch 19. 7. 1946 Sgl Wien	Milch 12. 7. 1946 Sgl Wien	Milch 5. 7. 1946 Sgl Wien	Milch 28. 6. 1946 Sgl Wien
Milch 18. 7. 1946 Sgl Wien	Milch 11. 7. 1946 Sgl Wien	Milch 4. 7. 1946 Sgl Wien	Milch 27. 6. 1946 Sgl Wien
Milch 17. 7. 1946 Sgl Wien	Milch 10. 7. 1946 Sgl Wien	Milch 3. 7. 1946 Sgl Wien	Milch 26. 6. 1946 Sgl Wien
Milch 16. 7. 1946 Sgl Wien	Milch 9. 7. 1946 Sgl Wien	Milch 2. 7. 1946 Sgl Wien	Milch 25. 6. 1946 Sgl Wien
Milch 15. 7. 1946 Sgl Wien	Milch 8. 7. 1946 Sgl Wien	Milch 1. 7. 1946 Sgl Wien	Milch 24. 6. 1946 Sgl Wien

Mein teures Bein

Der bekannte Schriftsteller Heinrich Böll (1917–1985) versuchte 1948 in einer erfundenen Geschichte zu erzählen, wie es einem Soldaten ergehen konnte, der verletzt aus dem Krieg in die Heimat zurückkehrte.

Die haben mir jetzt eine Chance gegeben. Sie haben mir eine Karte geschrieben, ich soll zum Amt kommen, und ich bin zum Amt gegangen. Auf dem Amt waren sie sehr nett. Sie nahmen meine Karteikarte und sagten: „Hm."

Otto Dix: Kriegsversehrter

Ich sagte auch: „Hm."
„Welches Bein?", fragte der Beamte.
„Rechts."
„Ganz?"
„Ganz."
„Hm", machte er wieder. Dann durchsuchte er verschiedene Zettel. Ich durfte mich setzen.
Endlich fand der Mann einen Zettel, der ihm der richtige zu sein schien. Er sagte: „Ich denke, hier ist etwas für Sie. Eine nette Sache. Sie können dabei sitzen. Schuhputzer in einer Bedürfnisanstalt auf dem Platz der Republik. Wie wäre das?"
„Ich kann nicht Schuhe putzen; ich bin immer schon aufgefallen wegen schlechten Schuhputzens."
„Das können Sie lernen", sagte er. „Man kann alles lernen. Ein Deutscher kann alles. Sie können, wenn Sie wollen, einen kostenlosen Kursus mitmachen."
„Hm", machte ich.
„Also gut?"
„Nein", sagte ich, „ich will nicht. Ich will eine höhere Rente haben."
„Sie sind verrückt", erwiderte er sehr freundlich und milde.
„Ich bin nicht verrückt, kein Mensch kann mir mein Bein ersetzen, ich darf nicht einmal mehr Zigaretten

verkaufen, sie machen jetzt schon Schwierigkeiten."
Der Mann lehnte sich weit in seinen Stuhl zurück und schöpfte eine Menge Atem. „Mein lieber Freund", legte er los, „Ihr Bein ist ein verflucht teures Bein. Ich sehe, dass Sie neunundzwanzig Jahre sind, von Herzen gesund, überhaupt vollkommen gesund, bis auf das Bein. Sie werden siebzig Jahre alt. Rechnen Sie sich bitte aus, monatlich siebzig Mark, zwölfmal im Jahr, also einundvierzig mal zwölf mal siebzig. Rechnen Sie das bitte aus, ohne die Zinsen, und denken Sie doch nicht, dass Ihr Bein das einzige Bein ist. Sie sind auch nicht der Einzige, der wahrscheinlich lange leben wird. Und dann Rente erhöhen! Entschuldigen Sie, aber Sie sind verrückt . . ."
„Mein Herr", sagte ich, lehnte mich nun gleichfalls zurück und schöpfte eine Menge Atem, „ich denke, dass Sie mein Bein stark unterschätzen. Mein Bein ist viel teurer, es ist ein sehr teures Bein. Ich bin nämlich nicht nur von Herzen, sondern leider auch im Kopf vollkommen gesund. Passen Sie mal auf."
„Meine Zeit ist sehr kurz."
„Passen Sie auf!", sagte ich. „Mein Bein hat nämlich einer Menge von Leuten das Leben gerettet, die heute eine nette Rente beziehen. Die Sache war damals so: Ich lag ganz allein irgendwo an der Front und sollte aufpassen, wann sie kämen, damit die anderen zur richtigen Zeit *stiften gehen* konnten. Die Offiziere hinten waren am Packen und wollten nicht zu früh, aber auch nicht zu spät stiften gehen. Erst waren wir zwei, aber den (anderen) haben sie totgeschossen, der kostet nichts mehr. Er war zwar verheiratet, aber seine Frau ist gesund und kann arbeiten, Sie brauchen keine Angst zu haben. Der war also furchtbar billig. Er war erst vier Wochen Soldat und hat nichts gekostet als eine Postkarte und ein bisschen *Kommissbrot.* Das war einmal ein braver Soldat, der hat sich wenigstens richtig totschießen lassen. Nun lag ich aber da allein und hatte Angst, und es war kalt, und ich wollte auch stiften gehen, ja, ich wollte gerade stiften gehen, da . . ."

5 000 Kriegsversehrte demonstrieren für Rentenansprüche (Foto: Juni 1950)

stiften gehen
Flüchten
Kommissbrot
Kommiss ist ein altes Wort für Heeresvorräte. Als Kommissbrot bezeichnet man das Brot, das die Soldaten zur Verpflegung erhalten.

Kriegsversehrter als Bettler

- *Versetze dich in die Lage des Kriegsverletzten: Hättest du das Arbeitsangebot angenommen?*
- *Rechne nach: Was kostet das Bein nach der Rechnung des Beamten? Wie teuer ist es nach der Rechnung des Betroffenen?*
- *Was hältst du von der Rechnung des Kriegsverletzten?*
- *Überlege: Was wollte er seinem Gesprächspartner mit dieser Rechnung sagen?*

„Meine Zeit ist sehr kurz", sagte der Mann und fing an nach seinem Bleistift zu suchen.
„Nein, hören Sie zu", sagte ich, „jetzt wird es erst interessant. Gerade als ich stiften gehen wollte, kam die Sache mit dem Bein. Und weil ich ja doch liegen bleiben musste, dachte ich, jetzt kannst du's auch durchgeben, und ich hab's durchgegeben, und sie hauten alle ab, schön der Reihe nach, erst die Division, dann das Regiment, dann das Bataillon, und so weiter, immer hübsch der Reihe nach. Eine dumme Geschichte, sie vergaßen nämlich, mich mitzunehmen, verstehen Sie! Sie hatten's so eilig. Wirklich eine dumme Geschichte, denn hätte ich das Bein nicht verloren, wären sie alle tot, der General, der Oberst, der Major, immer schön der Reihe nach, und Sie brauchten ihnen keine Rente zu zahlen. Nun rechnen Sie mal aus, was mein Bein kostet. Der General ist zweiundfünfzig, der Oberst achtundvierzig und der Major fünfzig, alle kerngesund, von Herzen und im Kopf und sie werden bei ihrer militärischen Lebensweise mindestens achtzig, wie Hindenburg. Bitte rechnen Sie jetzt aus: einhundertsechzig mal zwölf mal dreißig, sagen wir ruhig durchschnittlich dreißig, nicht wahr? Mein Bein ist ein wahnsinnig teures Bein geworden, eines der teuersten Beine, die ich mir denken kann, verstehen Sie?"
„Sie sind doch verrückt", sagte der Mann.
„Nein", erwiderte ich, „ich bin nicht verrückt. Leider bin ich von Herzen ebenso gesund wie im Kopf und es ist schade, dass ich nicht auch zwei Minuten, bevor das mit dem Bein kam, totgeschossen wurde. Wir hätten viel Geld gespart."
„Nehmen Sie die Stelle an?", fragte der Mann.
„Nein", sagte ich und ging.

Die Männer von Kaprun

Zu den großen Aufbauarbeiten, die nach dem Zweiten Weltkrieg in Österreich geleistet wurden, gehört vor allem die Anlage des Speicherkraftwerksystems bei Kaprun. Bereits in den 20er-Jahren des 20. Jahrhunderts war dieses Bauwerk in den Tauern geplant worden. 1938 wurde mit den Bauarbeiten begonnen. Doch erst zu Beginn der 50er-Jahre konnten die Kraftwerke in Betrieb genommen werden, die von drei Stauseen und zwei Speicherbecken gespeist werden, die von sechs Staumauern umgeben sind. Zwar liefern Kraftwerkssysteme in anderen Teilen der Erde heute größere Strommengen und die Mauer der Kölnbreintalsperre im Maltatal ist mit 200 Metern höher als die der Anlage von Kaprun, dennoch zählt sie nach wie vor zu den eindrucksvollsten und meistbesuchten Komplexen von Speicherkraftwerken der Erde.

Die Mauern der Limberg-, der Mooser- und der Drossensperre wuchsen Tag und Nacht. Tag und Nacht wurde im Baggerfeld Süd der Kies gegraben, Tag und Nacht wurden Zement, Wasser, Sand und Kies im Johnsonturm gemischt, auf die kleinen Betonwagen geladen und in die Kabelkrankübel gekippt.
Kein Gedenkstein erinnert daran, dass die Arbeiter von Kaprun am 23. Juli 1954 einen neuen Rekord aufstellten. Damals brachte die Tag- und Nachtschicht über 4 000 Kubikmeter Beton auf die Mauer.
Nur wer sich einen Betonblock von zehn mal zehn Metern im Geviert, vierzig Meter hoch, an einem Tag in 2 000 Metern Höhe errichtet, vorstellen kann, der weiß, was diese Leistung bedeutet!
Der Partieführer sagte dazu:
„Kinder, seid froh, dass ihr mit dabei gewesen seid, auch wenn ihr nicht in der Zeitung steht! Aber besser, 4 000 Kubikmeter aufgebaut und nicht in der Zeitung, als 20 000 Tonnen im Kriege versenkt und in der Zeitung – wie es einmal war."
Einen Unterschied zwischen Tag und Nacht durften sie nicht kennen, genauso wenig wie zwischen Regen und Sonne. Das Jahr hatte für die Ingenieure und die Arbeiter auf der Baustelle in Kaprun nur fünf Monate.
Das war das sichtbare Kaprun, das oberirdische.
Im Innern der Berge gab es aber noch viele *Kavernen* und Stollen, die später das Wasser führen sollten, dazu kam der Kontrollgang in der Mauer, die Stelle, an der hunderte Kabel zusammenliefen, um sämtliche Temperaturschwankungen in der Mauer genau zu kontrollieren. Auch die Dehnungs- und Spannungsvorgänge im Beton, die Feuchtigkeit und die

Kaverne
Höhlengewölbe (Ableitung vom lat. Wort caverna = Höhle)

Mineur
Jemand, der für den Bau eines Stollens zuständig ist
Geologe
Fachmann, der sich mit der Entstehung, der Entwicklung und der Beschaffenheit der Erde und des Gesteins befasst

Übersichtspanorama der Kraftwerksgruppe Glockner-Kaprun

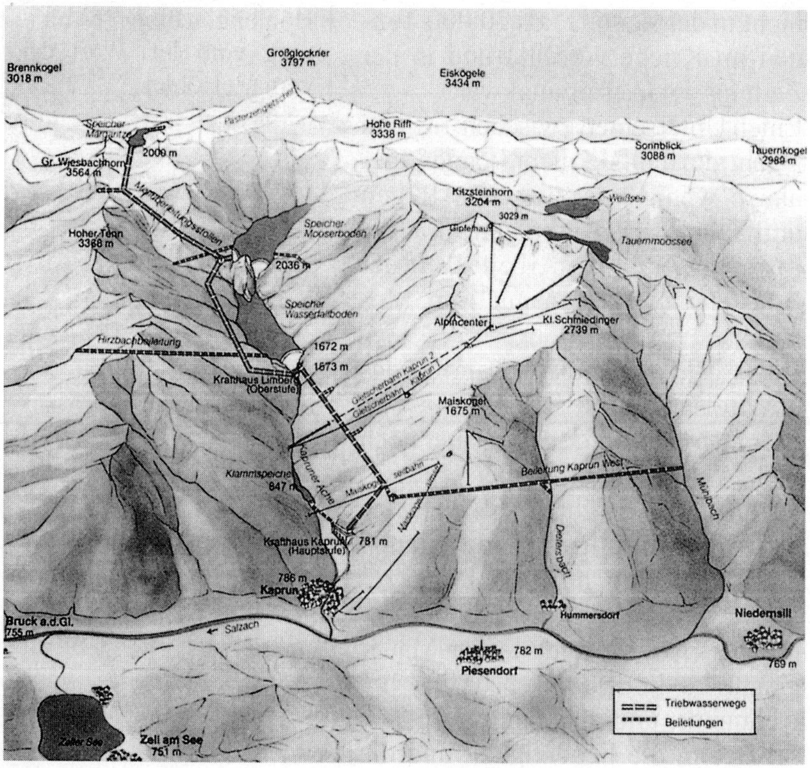

Druckverhältnisse vom Baubeginn bis zur Zeit des Anstaus bedurften einer stetigen Überwachung.
Aber Kaprun war nicht nur die Limbergsperre, die Mooser- und die Drossensperre. Kaprun war auch nicht nur der Möllstollen, die Druckstollen und -rohre, die Krafthäuser und Schrägaufzüge. Kaprun war nicht nur die harte Arbeit beim Betonieren, war nicht nur das Bohren und Sprengen der *Mineure,* das Hineinfressen in das Gestein.
Kaprun war auch die Arbeit an den großen Zeichentischen, an den Tabellen, an den Lichtpausen, den Schreibtischen und Telefonapparaten, die genauso keinen Unterschied zwischen Tag und Nacht kannte.
Kaprun war auch ein hartes Arbeitsfeld für die Wissenschaft.
Gewiss, hier ging es weniger laut, weniger gefährlich zu. Aber sie war der Anfang, sie hatte die kühnen Gedanken, die der Arbeiter in schwerer Arbeit in die Tat umsetzte.
Die Vermessungstrupps waren dauernd unterwegs, um die Blöcke der Mauern abzustecken.
Der *Geologe* war bei sämtlichen Bohrungen und Sprengungen dabei. Er zerrieb das Bohrmehl zwischen seinen Fingern, hockte mit der Stoppuhr neben dem Arbeiter, um festzustellen, wie tief sich der Bohrer in gewissen Zeitabständen in das Gestein fraß. Wie der Arbeiter duckte er sich dann in einen Felsspalt, um die Sprengung abzuwarten, und war als Erster wieder auf dem Sprengplatz. Er verstand es aus dem gesprengten Material herauszulesen, was man für die weitere Arbeit wissen musste.
Der Meteorologe kam von Salzburg herüber, stieg hinauf zum Kapruntörl, um Schnee und *Firn* zu messen. Schnee und Firn spendeten ja auch das Wasser für Kaprun, das Strom und Kraft, das Arbeit und Wohlstand bedeutete. Mühsam stieg er, von seinem Gehilfen begleitet, vor Sonnenaufgang schon in die gleißende Helle und arbeitete den Tag über.
Hatte der Meteorologe seine Arbeit im Kaprunertal, auf dem Törl, auf

dem Karlinger Kees beendet, so fuhr er am nächsten Tag die Glocknerstraße hinauf und machte auf dem weiten Eisfeld der Pasterze seine Untersuchungen.

Am Fuß der Pasterze steht der dritte, wenn auch der kleinste Speicher Kapruns, die Margaritze. Er sammelt Wasser, das dann im Möllstollen quer durch die Tauernkette gepumpt wird und schließlich in den Mooserboden- oder Limbergstausee fließt.

Ein Ingenieur machte jeden zweiten Tag seinen Gang durch die Stollen im Bereich der Mooserbodensperre. Er begann bei der Kaverne des Möllpumpwerkes und wanderte von dort in die Stollen. Allein die schmale Flamme der Karbidlampe schenkte ihm ihr zitterndes Licht in den nachtschwarzen Felsgängen. Und doch fand er sich zurecht, suchte eine Quelle nach der anderen auf, hielt ein Blechgefäß unter das laufende Wasser, stoppte die Zeit und maß die Temperatur. Die Messergebnisse trug er in das verschmierte und zerknitterte Notizbuch ein. Hier in den Stollen zitterte, tropfte oder schoss das Wasser aus dem Gestein und suchte sich auf dem Boden einen Abfluss. Und so ging es von Quelle zu Quelle, durch Stollen, die schon wieder verschlammt waren oder in denen das Wasser kniehoch stand.

Das war das unbekannte Kaprun, von dem kaum ein Arbeiter etwas wusste, wenn er auch schon jahrelang hier war.

Limbergtalsperre im Bau

In den Lagern von Kaprun waren im Sommer an die 1 500 Menschen daheim. 1 500 Menschen, die arbeiten und daher auch essen wollten. In den Küchen werkten zwanzig Köche und Küchengehilfen. Auch sie standen Tag und Nacht an ihren Herden, Kesseln und Backrohren. Die Nachtschichtarbeiter bekamen um Mitternacht ihre Mahlzeit genauso wie die Tagschichtarbeiter zu Mittag.

In der Baracke der Lagerführung saß bis spät in die Nacht der Lagerführer,

Firn
Alter Schnee im Hochgebirge, der durch Auftauen und Gefrieren körnig geworden ist

um die Lebensmittel für den Speiseplan heraufzuschaffen, den er mit dem Koch, dem Betriebsrat und dem Arzt gemeinsam aufgestellt hatte. Denn die Arbeiter wollten essen und sie hatten ein Recht darauf.
Aber was nützte ihm das, wenn ihm ein Händler für einen Tag 1 000 Köpfe Salat zugesagt hatte und er konnte an diesem Tag nur 500 liefern! Sechs Schweine musste der Lagerführer herbeischaffen, wenn es Schnitzel geben sollte und die gab es jede Woche. Wehe, wenn sich die Schweine verspäteten! So hing der Lagerführer Tag und Nacht am Telefon. Das Gemüse holte er sich aus Klagenfurt, weil es in Salzburg zu teuer war. Der Lagerführer war ein guter Rechner. 3 200 000 Schilling gab er im Jahr für Lebensmittel aus. Das gehörte also auch mit zu Kaprun. Wer Kaprun verstehen und kennen lernen wollte, musste länger hier sein und durfte keine Leiter und keinen Stollen scheuen. Kaprun war bloß für Schwindelfreie!

Für die Zeitungen waren nur die Millionen Kubikmeter Beton, die Hunderttausende von Kubikmetern Fels und Kies, die bewegt wurden, und schließlich die Millionen Kilowattstunden, die Kaprun nach dem Vollausbau würde liefern können, interessant. Allenfalls brachten die Zeitungen noch tragische Unglücksfälle, wie sie auf einer solch riesigen Höhenbaustelle schier unvermeidbar waren.
Es kamen immer mehr Besucher nach Kaprun: Schüler, die ihre Schulausflüge machten, Urlauber, die in der Nähe auf Sommerfrische waren. Feldstecher und Fotoapparate wurden an die Augen gehoben, Fragen gestellt, ins Barackenfenster gespäht; man wollte alles sehen, alles hören, alles wissen.
Vielleicht hat es früher so ähnlich auch beim Bau der Pyramiden ausgesehen. Doch die Pyramiden wurden für tote Könige gebaut. Hier war es anders. Hier wurde Tag und Nacht für die Lebenden gebaut.

- *Gibt es in der Nähe eures Wohnortes Speicherkraftwerke? Wann wurden sie erbaut?*
- *Höhenspeicherkraftwerke werden in der Nähe von Gletschern gebaut, denn Gletscher sind „Weiße Kohle“. Erkläre den Ausdruck.*

An der Zonengrenze

Nach dem Zweiten Weltkrieg wurde Deutschland von den Alliierten in vier Besatzungszonen aufgeteilt. Amerikanische, englische, französische und sowjetische Truppen kontrollierten je einen Teil. Während die drei Westzonen sich zusammenschlossen und 1949 als Bundesrepublik Deutschland zu einem neuen Staat zusammenwuchsen, blieb der Ostteil, die sowjetische Besatzungszone, abgetrennt. Mit Unterstützung der damaligen UdSSR versuchte hier die Sozialistische Einheitspartei Deutschlands (SED) einen Staat nach sowjetischem Vorbild aufzubauen, der 1949 unter der Bezeichnung Deutsche Demokratische Republik eine eigene Verfassung erhielt. Die Grenze zwischen beiden Teilen Deutschlands wurde zu einem Teil des Eisernen Vorhangs, der bis 1989/90 eine nahezu undurchlässige Mauer zwischen den demokratischen Staaten im Westen und den sozialistischen im Osten Europas darstellte.

„Autobusfahrt zur Zonengrenze: ein unvergessliches Erlebnis!“, so hieß es in der Werbeschrift eines Reisebüros. Und so steht an diesem Tag eine Reisegesellschaft von 40 Menschen bei dem Schild: „Halt! Zonengrenze!“ Mit Ferngläsern verfolgen sie den Zaun aus Betonpfählen und Stacheldraht. Weiter weg sehen sie in immer gleichem Abstand dazu einen zweiten. Und zwischen beiden steht drohend ein Schild mit einem Totenkopf: „Minen!“ Im Hintergrund ragt ein holzerner Turm. Alle wissen, von dort schauen zwei Augen durch ein Fernglas und verfolgen jede Bewegung. Und neben diesem Beobachter steht ein anderer Posten mit schussbereitem Gewehr. Mit den anderen Fahrgästen der Reisegesellschaft blickt Günter, ein junger Mann, unverwandt und stumm an Zäunen und Türmen vorbei weit ins andere Deutschland. „Was ist mit Ihnen?“, fragt ihn ein älterer Herr. „Es ist noch nicht lange her, da bin ich von dort drüben fort . . .“, erwidert er mit gedämpfter Stimme.

Reklametafel kurz nach dem Mauerbau (Berlin 1961)

FDJ
Freie Deutsche Jugend. Organisation der SED, in der seit 1946 jeder Jugendliche in der DDR Mitglied werden und die Grundsätze des Parteiprogramms erlernen musste

Grenze DDR – West-Berlin
Die Teilung zerschnitt die zahllosen Verkehrswege und Verbindungen der gesellschaftlichen und wirtschaftlichen Einheit Deutschlands.

Und mit den Worten „Hier, lesen Sie!“, hält er dem Mann unvermittelt einen Zeitungsausschnitt unter die Nase, den er schon eine ganze Weile in den Händen gehalten hat:
„In der Nacht gelang einem jungen Mann die Flucht über die Zonengrenze. Beim Erklettern des Stacheldrahtzauns wurde der Flüchtling von Volkspolizisten entdeckt, die sofort Leuchtkugeln abfeuerten und den jungen Mann mit Maschinenpistolen beschossen. Noch als der Flüchtling westdeutsches Gebiet erreicht hatte, setzten die Volkspolizisten den Beschuss fort. Erst als herbeigeeilte Beamte des Bundesgrenzschutzes das Feuer erwiderten, stellten die Volkspolizisten das Schießen ein.“
„Damals lagen noch keine Minen zwischen den Zäunen,“ fügte Günter hinzu, „sonst hätte ich es nicht gewagt.“
Inzwischen hat sich ein Kreis von Zuhörern gebildet. „Warum sind Sie denn von drüben fortgegangen?“, forscht der Mann weiter.
„Warum ich abgehauen bin? – Ich hatte es satt. Ich wollte nichts mehr hören von Kommunismus und Planerfüllung und von den ewigen politischen Schlagworten. Ich wollte frei sein, mein Leben aufbauen, wie ich es wollte, arbeiten, wo und was ich will. Urlaub machen, wo und wann ich will. Ich hatte es satt immer gegängelt zu werden. In der Schule gab es kaum eine Textaufgabe ohne kommunistische Produktionsziffern und selten ein Lesestück ohne Lob auf den Kommunismus oder Hetze gegen den Westen und die Bundesregierung. Im Betrieb mussten wir Sonderschichten arbeiten für den Sieg des Kommunismus in irgendeinem Lande der Welt. In der *FDJ* lernten wir Kampflieder der Partei. Selbst im Urlaub drang der Laut-

sprecher mit seinen Nachrichten und politischen Vorträgen bis in den letzten Strandkorb. Einmal, als mir's besonders zuwider war, hab ich den Mund aufgetan und gefragt: Wenn es wirklich in der Bundesregierung nur Arbeiterverräter gibt und wir haben hier einen mustergültigen Arbeiter- und Bauernstaat, warum sind dann schon drei Millionen Arbeiter und Bauern in die Bundesrepublik geflüchtet und warum muss man uns hinter Stacheldrahtzaun und Mauer halten wie Zuchthäusler?
Danach setzten sie mich unter Druck. Ich wurde von der Gewerkschaft verhört, vom FDJ-Führer vernommen; man sperrte mir den Urlaub, man ließ mich nicht zur Prüfung zu. Man versetzte mich in eine andere Abteilung, zu einem Chef, der die Kollegen aushorchte über mich. Einige Kollegen sprachen nicht mehr mit mir. Andere waren dagegen besonders herzlich, wenn wir unter uns waren, verstummten aber, sobald Fremde hinzutraten. Da hielt ich es nicht mehr aus. Und so bin ich hierher gekommen zu meinem Onkel."
Nach und nach hat sich die ganze Reisegesellschaft um den jungen Mann versammelt, der nun stumm dasteht und verlegen mit einem Fuße im Gras herumscharrt. Ein anderer Herr, der dem Erzähler aufmerksam zugehört hat, bläst genüsslich den Zigarrenrauch von sich und meint: „Da hört man es wieder, der Zwang in der Sowjetzone ist unerträglich, nicht wahr, junger Mann?"
Günter zögert. „Der Zwang, ja, aber der war's nicht allein. Ich bekam Briefe von meinem Onkel, der war ein paar Jahre früher rübergegangen. Er schrieb, was er sich alles angeschafft hätte. Erst ein Motorrad, dann ein Auto und danach kamen sogar Grüße von Urlaubsreisen nach Italien. – Und bei mir, da reichte es nicht einmal für'n Moped. Allein

Die Grenze zwischen den beiden deutschen Staaten. 1 Eigentlicher Grenzverlauf; 2 DDR-Markierungssäule; 3 Stacheldraht, zweireihig; 4 Metallgitterzaun mit Selbstschussanlage; 5 Spuren-Sicherungsstreifen 6 m; 6 Kolonnenweg; 7 Kfz-Sperrgraben; 8 betonierter Beobachtungsturm; 9 Beton-Beobachtungsbunker; 10 Lautsprecher und Lichtanlagen; 11 Hundelaufanlage; 12 Betonsperrmauer / Sichtblende.

für'n Paar Schuhe musste ich fast eine Woche lang arbeiten. Und im Urlaub schickte mich die Gewerkschaft in ein Fischerdorf, wohin ich gar nicht wollte."
Als der junge Mann wieder einmal schweigt, wagt ein junges Mädchen zögernd die Frage: „Sind Sie hier nun glücklich?"
Alle Augen richten sich jetzt auf den jungen Mann und die weiter entfernt Stehenden rücken näher. Günter hält die Hände tief in den Taschen vergraben, kaut an einem Grashalm und schweigt. Er schweigt lange, bis es endlich stockend aus ihm herausbricht: „Die Freiheit, ja, die hab ich hier wohl, und der Druck, der ist auch weg. Ich verdiene auch besser hier und kann mir vieles kaufen. Das stimmt. Aber glücklich? Nein, glücklich bin ich hier nicht. Ich bin so allein. Meine Arbeitskollegen hier, die haben ihr Fernsehen, ihr Moped, manche auch ihr Auto und ihr Kofferradio und dafür leben sie. Zur Arbeit gehen sie nur, um Geld zu verdienen. Und sie sprechen davon, wie sie's wieder ausgeben wollen. Ich hab noch keinen Freund gefunden."
„War denn die Freundschaft in der DDR besser?", wollte das junge Mädchen wissen.
„Drüben, ja, da waren wir fast immer zusammen, in einem Kollektiv, einer Gemeinschaft, und da hielten wir zusammen. In der Arbeitsbrigade, da schwitzten wir gemeinsam, wenn uns eine andere Jugendbrigade zum Wettbewerb herausgefordert hatte; denn die Prämie, den Zuschlag zum Verdienst, gab's nur gemeinsam und das hielt uns zusammen. In der FDJ war's genauso. Da ging es um die Ehre der Gruppe und einer half dem anderen. Oft schweißte uns auch der geheime Widerstand gegen die Redensarten der Parteiführer zusammen.
Ich habe meine Flucht nicht bereut. Aber richtig glücklich bin ich nicht. Ich bin allein. Ich weiß nicht, ob ich meine Mutter, meinen Bruder, meine Freunde je wiedersehen werde."
„Bitte, meine Herrschaften, einsteigen", tönt die Stimme des Reiseleiters vom Autobus her. Der Motor brummt und die 40 Fahrgäste sitzen still auf den Plätzen und hängen ihren Gedanken nach.

- *Erkläre die Bezeichnung „Zonengrenze".*
- *Welche Gründe haben Günter zur Flucht aus der DDR veranlasst? Hat sich seine Flucht gelohnt?*
- *Berichtet, was ihr über das Leben in der DDR gehört habt und vergleicht eure Kenntnisse mit der Schilderung von Günter.*

Die Wahl

In der DDR herrschte freies Wahlrecht, das heißt nach dem Gesetz konnte niemand dazu gezwungen werden seine Stimme abzugeben. In Wirklichkeit sah dies etwas anders aus, wie Michael Sallmann berichtet, der 1977 wegen „staatsfeindlicher Hetze" nach Westdeutschland abgeschoben wurde.

Drei Tage vor der Wahl hatte ich erfahren, dass ich in Leipzig, wo ich als Student polizeilich nur für eine Nebenwohnung gemeldet war, gar nicht wählen könnte und dass mir die offizielle Wahlbenachrichtigung in Thalheim im Erzgebirge zugestellt worden wäre. Da ich mich in dieser kurzen Frist nicht mehr über die aufgestellten Kommunalkandidaten meines Hauptwohnsitzes hatte informieren können, trug ich mich mit der festen Absicht mich bei den Wahlen der Stimme zu enthalten.

An diesem Wahlmorgen nun machte ich mich mit meiner Mutter gegen neun Uhr auf den Weg zum Wahllokal. Meine Mutter, die dem Wahlvorgang völlig desinteressiert und eingeschüchtert gegenüberstand, wollte einfach ihren „Zettel" abgeben und ihre Ruhe haben. Das Wahllokal war an diesem Sonntagmorgen schon lebhaft besucht. An der hinteren Wand stand eine lange Tischreihe, die mit rotem Fahnentuch bedeckt war. Hinter ihr saßen die Wahlhelfer; sie hatten die Aufgabe die Wähler bei den Formalitäten der Wahl anzuweisen. Dem am weitesten rechts sitzenden Wahlhelfer musste ich meine rote Wahlbenachrichtigungskarte und meinen Personalausweis vorlegen. Nachdem sich der Mann von meiner Identität überzeugt hatte, konnte ich zwei Schritte weiter nach links vor den nächsten Helfer treten. Der schaute sich nochmals Karte und Ausweis an, behielt die Karte und drückte mir dafür die Stimmzettel in die Hand. „So, bitte nicht herumträumen". In der Tat war ich ziemlich verklemmt. Ich wusste sozusagen nicht, wie ich mein „frevelhaftes" Vorhaben beginnen sollte. „Entschuldigen Sie, ich möchte mich der Stimme enthalten, was soll ich denn da mit diesen Zetteln machen?", begann ich mit belegter Stimme. Wahlhelfer Nr. 2 nahm die Brille ab. „Wie bitte? Ich verstehe Sie wohl nicht richtig?" Er blickte mich fassungslos an. Ich wusste nicht, was ich antworten sollte.

Peinliches Schweigen entstand. Alle blickten mich an, so dass die ganze Wählerei ins Stocken kam.

„Ja, hm, der Stimme enthalten", wagte ich mich wieder hervor und räusperte mich. Um mich herum nervöses Füßescharren.

SED-Propaganda-Auto in Dresden 1946

Wahlhelfer Nr. 3, zu dem ich nun eigentlich hätte treten müssen, überbrückte mit munter-aufheiternder Stimme die Situation: „Herr Sallmann, Sie müssen die Zettel jetzt zusammenfalten und hier in die Wahlurne stecken!“ Er wies mit seinem Finger einladend auf den Kasten mit dem Schlitz.

„Nein, nein“, erwiderte ich, „ich möchte mich doch der Stimme enthalten, ich hab doch die Kandidaten gar nicht kennen lernen können und weiß nicht, wie ich mich als Wähler anders verhalten soll, als mich der Stimme zu enthalten.“ Im Hintergrund lachte jemand schrill. Kinder plärrten. Sonst war alles still. So blieb es einige Sekunden lang, dann schob einer der Wahlhelfer energisch seinen Stuhl zurück. „Was will denn der! Der stört den Ablauf, das soll doch alles zügig gehen!“ Und zu mir gewandt: „So geht’s doch nun auch nicht! Sie bringen uns ja hier alles durcheinander!“

Ich gab nun schon recht kleinlaut zurück: „Aber ich will mich doch nur der Stimme enthalten und von Ihnen wissen, wie ich mich dabei zu verhalten habe mit diesen Zetteln hier. Soll ich sie etwa zerreißen oder so zurückgeben oder was?“ Nun war der Wahlhelfer Nr. 2 wieder dran. Er war aufgestanden und sagte mit fast beschwörender Stimme: „Überlegen Sie sich doch, was Sie tun, was wollen Sie nur damit beweisen!“

Meine Mutter, die die ganze Zeit neben mir stand, forderte er auf doch einzuschreiten und mich zur Vernunft zu bringen: „Er weiß nicht, was er tut. Sie sehen doch, hier staut sich alles!“ Es folgte eine hilflose Gebärde.

Der Typ, der mich so scharf angegangen war, hackte wieder auf mich ein: „Können Sie vielleicht begründen, warum Sie sich der Stimme enthalten wollen?“ Und mit empörter Stimme (er platzte sozusagen): „Sowas darf ja wohl nicht wahr sein. Und das bei uns, wo für die Jugend alles, aber auch wirklich alles getan wird!“

„Was hat das denn damit zu tun?“, schrie ich zurück, „Menschenskind, ich kann doch niemanden ablehnen oder wählen, von dem ich überhaupt nichts weiß, ich bin gestern erst aus Leipzig gekommen.“ Ich erzählte den Leuten den Schnickschnack, der dieser Staatsaffäre vorausgegangen

war. Dabei kam ich in Wut und endete mit dem Satz, „Und jetzt sagen Sie mir endlich, wie der Laden hier weitergeht!“
„Laden hat er gesagt“, zeckte der scharfe Typ von Wahlhelfer wieder los. „Auf unsere Kosten studieren und sich dann der Stimme enthalten! Das werden wir der Schule schreiben, wie sich dieser Bürger hier gegen seinen Staat stellt!“
Jetzt war es an mir zu platzen: „Stelle ich mich gegen den Staat oder gegen eure Dummheit? Soll ich denn wirklich Leute wählen, die ich überhaupt nicht kenne? Wollt ihr das wirklich so haben?“
Wahlhelfer Nr. 1, der nun auch vor mir stand, fuhr mich an: „Bitte sehr, wenn Sie sich offen gegen den Sozialismus stellen wollen, haben sie die Möglichkeit mit ‚Nein‘ zu stimmen!“ „Aber warum denn nur“, rief ich verzweifelt, „ich kenne die Leute doch nicht!“ Da riss mir Wahlhelfer Nr. 3 plötzlich die Stimmzettel wieder aus der Hand. „Na, da geben Sie die Zettel eben wieder her, wenn Sie selber nicht wissen, was Sie eigentlich wollen. Entweder so oder so, denken Sie vielleicht, wir braten hier jedem seine Extrawurst! Bei uns nicht! Hier nicht!“
Diese Worte erreichten mich nur noch aus größerer Entfernung, als ich gerade die Tür hinter mir zuwarf. Am Nachmittag redeten wir beim Kaffee im Familienkreis über die turbulente Szene des Vormittags. Als wir so gemütlich dasaßen, klingelte es. Meine Mutter ging hinaus, um zu öffnen, und kehrte mit zwei Herren in grauen Festtagsanzügen und Parteiabzeichen der SED wieder zurück. „Die beiden Herren wollen zu dir.“ Der eine trug unterm Arm die Wahlurne. Sie schleppten mir das Ding hinterher!
„Wir sind gekommen, um mit Ihnen noch einmal in aller Ruhe zu sprechen, jetzt, wo sich die Gemüter wohl wieder beruhigt haben“, zwitscherte der mit der Urne. „Wir zwei sind von der Ortsparteileitung der SED! Wir haben uns dieses Zwischenfalls kompetenterweise angenommen. Kennen Sie denn die Kandidaten wirklich nicht oder ist das nur ein Vorwand, das können Sie doch sagen. Wir sollten überhaupt offen zueinander sein!“
Nachdem ich Letzteres ausdrücklich begrüßt hatte, erzählte ich den beiden die ganze Story noch einmal, bis

- *Erkläre, warum die Wahlhelfer und die SED-Ortsvertreter es auf keinen Fall dulden wollten, dass Michael Sallmann sich seiner Stimme enthält.*
- *Informiere dich darüber, wie man es bei uns anstellt sich seiner Stimme zu enthalten.*
- *Diskutiert darüber, ob es sinnvoll sein kann sich bei politischen Wahlen seiner Stimme zu enthalten.*

Personenkult um Stalin am Admiralspalast in Berlin 1946

Leipzig, Parteihaus der SED: Propaganda für die Volksabstimmung in Sachsen zur Enteignung der Privatindustrie am 30. Juni 1946

in die kleinste Kleinigkeit hinein. Die beiden SED-Genossen schlürften ihren Kaffee und blickten betreten drein. Dann fasste mich der Urnenlose tief ins Auge: „Wenn dem so ist, Herr Sallmann, dann na, wie soll ich das sagen, dann sollten Sie zur Staatsmacht mehr Vertrauen haben! Unsere Kandidaten sind doch alle vorher geprüft und ausgesucht worden. Sie sollten ihnen Ihr Vertrauen einfach schenken. Sozusagen als Vertrauensbeweis gegenüber den Organen der Volksmacht.“
Der Arme. Nun freute er sich, dass er die Kurve derart gut gekriegt hatte. Leider Gottes stieß er bei mir auf totales Unverständnis gegenüber seiner Denkweise.
„Also, ich habe kein abstraktes Verantwortungsgefühl zu den Staatsorganen, wenn Sie das meinen! Ich gebe meine Stimme nur denen, deren Ziele und Vorstellungen ich kenne und billige.“
Die beiden schwiegen. Schließlich klemmte sich der eine die Urne vor den Bauch. Sie standen auf. „Wir dachten, Sie wären zur Vernunft gekommen. Sie sind ein hartnäckiger Fall. Wir dachten wirklich, Ihnen wäre an der Klärung dieser Angelegenheit gelegen.“
„Und ich dachte, ich hätte mich Ihnen erklärt. Ob Sie mich verstanden haben oder nicht, ist ja nun zum gewissen Teil auch Ihre Sache!“
Sie gingen und trugen die Urne mit sich davon. Negative Auswirkungen auf mein Studium hatte der „Vorfall“ nicht. Am gleichen Tag erfuhr ich, dass unmittelbar, nachdem ich wutentbrannt und verärgert aus dem Wahllokal hinausgestürmt war, fünf Leute, welche die ganze Zeit Augenzeugen des „Vorfalles“ gewesen waren, mit „NEIN“ gestimmt hatten.

Wahnsinn!

Der 9. November 1989 wurde in der deutschen Geschichte und für die Geschichte Europas ein wichtiger Tag. Der Ministerrat der DDR beschloss in Anbetracht der großen Demonstrationen, die überall im Land stattfanden, die Grenze zu öffnen. Der Publizist Peter Bender schildert, wie er diesen Tag erlebte.

Das Wort des Tages hieß „Wahnsinn". Die Berliner aus dem Osten der Stadt riefen es, als sie durch die Mauer in den Westteil strömten; und die Westberliner sagten es, als sie ihnen zur Grenze entgegenkamen. Wahnsinn, das drückte das Unglaubliche aus, viele hatten es erhofft, aber nur wenige hatten es erwartet. Die Wirklichkeit übertraf die Einbildungskraft.

Jeder sah, hörte und las, dass die DDR wankte und Honeckers Nachfolger versuchten sie einer veränderten Welt anzupassen; doch nun sollte von einer Stunde zur nächsten eine Grenze fallen, die 28 Jahre lang ein halbes Volk gefangen hielt, körperlich und geistig. Der DDR-Ministerrat beschloss am 9. November 1989, jedermann dürfe sogleich Privatreisen nach dem Ausland beantragen. „Die Genehmigungen werden kurzfristig erteilt. Versagungsgründe werden nur in besonderen Ausnahmefällen angewandt."

Früher glich eine Westreise einem Hürdenlauf: Man musste Verwandte in der Bundesrepublik haben (oder geschickt erfinden). Man musste „Geiseln" in der DDR zurücklassen, Frau, Mann, Kinder. Man musste warten, ob und wann unsichtbare Instanzen entschieden; mancher saß bis zum Reisetag auf gepackten Koffern und wusste nicht, ob er fahren durfte oder nicht. Das alles sollte nun Vergangenheit sein?

Noch sensationeller erschien, dass der Ministerrat am 9. November auch *Emigration* erlaubte: „*Visa* zur ständigen Ausreise" würden „unverzüglich" erteilt, „ohne dass dafür

Emigration
Flucht, Auswanderung
Visa
Einzahl: Visum (lat.: gesehen), Eintrag im Reisepass, durch den die Ausreise genehmigt wird

Nach dem Fall der Mauer

demoralisiert
Hier: entmutigt, enttäuscht

noch geltende Voraussetzungen für eine ständige Ausreise vorliegen müssen“. Da die DDR ein Glaubensstaat war, galt das Verlassen dieses Staates nicht als Emigration, sondern als Verrat. Und Verräter, die einen Ausreiseantrag gestellt hatten, erschienen nicht mehr würdig eine Tätigkeit mit öffentlicher Verantwortung auszuüben und sei es auch nur als Arzt, Lehrer oder Leiter in untergeordneter Position. Selbst wenn man sie schließlich hinausließ, machte man ihnen bis dahin das Leben schwer; die meisten verloren ihre Arbeit und mussten sich jahrelang mit Jobs am Leben erhalten.

Und nun hieß es plötzlich, alle Beschränkungen sollten fallen. Auf die Frage, wann die neue Regelung in Kraft treten werde, kam die Antwort: „Ab sofort“. Funk und Fernsehen berichteten dennoch mit Vorbehalt und vorsichtig, doch die Ostberliner wollten das Unglaubliche prüfen und wanderten zur Mauer; je mehr sich die Nachricht herumsprach, desto

Feier am Tag der Deutschen Einheit vor dem Reichstagsgebäude in Berlin

„Trabis“ am Grenzübergang Rudolphstein

mehr wurden es. Die Grenzposten waren, so scheint es, halb informiert und halb schon *demoralisiert.* Zuerst versuchten sie Genehmigungen zu erteilen, dann verlangten sie nur noch die Ausweise zu sehen, doch allmählich wurde der Andrang übermächtig. Ein Grenzer, der den Strom aufzuhalten suchte und die Lücke, durch die er floss, mit seinem Körper deckte wie die Helden alter Zeiten, erhielt später einen der letzten Orden, welche die DDR vergab. Wäre das Wort nicht zu groß, würde man sagen: ein tragisches Sinnbild sinnloser Pflichterfüllung.

Berlin floss in dieser Nacht zusammen. Die Ostler strebten in den Westteil der Stadt und die Westler in den Ostteil. An den Grenzübergängen begegneten sie einander, sich begrüßend und bedrängend in fröhlichem Chaos. Beide trieb die Neugier und die Lust an nie gekannter Freiheit; alle genossen den „Wahnsinn“: Heute durfte man, was Jahrzehnte lang für die Ostler mit Haft oder Tod bedroht und für Westler mit ermüdender, zuweilen erniedrigender Bürokratie erschwert war. Heute konnte man die andere Welt erreichen, ohne dass Schlagbäume hinderten und Posten kontrollierten, kommandierten oder schikanierten. Manche *Trabis* fuhren bis in entfernte Westberliner Bezirke, vielleicht um Freunde zu besuchen oder vielleicht auch nur, um das Fahren weit ins andere Land auszukosten. Am *Kurfürstendamm* entwickelte sich ein spontanes Volksfest, in Kneipen gab es Freibier für die Gäste von drüben, Unbekannte lagen sich in den Armen und ein Westberliner taufte jedes Ostauto, das über die Grenze kam, mit einem Spritzer Sekt.

Das Überschreiten der Grenze war in dieser Nacht wichtiger als alles, was jenseits der Grenze lag und lockte. Jahrzehntelang hatte die Mauer Furcht und Hass erzeugt, nun stiegen junge Leute hinauf und besetzten die Mauerkrone. Hunderte saßen nebeneinander, vor ihnen stand nur eine dünne Postenkette aus DDR-Grenzern, die hilflos zusahen, wie der *Schutzwall* ihres Staates zum Gespött wurde. Der 9. November 1989 brachte nicht nur die Öffnung der Mauer, sondern auch den Sieg und den Triumph über die Mauer.

Was in Berlin geschah, das geschah im ganzen Land, obwohl mit etwas Verzögerung. Auch in den westlichen Randbezirken der DDR machten sich, als die Nachricht von der Grenzöffnung kam, viele auf den Weg, um zu probieren, ob man wirklich hinüberkäme. In den nächsten Tagen begann dann eine Völkerwanderung. Die Autobahnen und alle Straßen, die zu den Übergängen in die Bundesrepublik führten, waren verstopft; der gesamte Ost-West-Verkehr stockte, Ankunftszeiten wurden unberechenbar, Liefertermine hinfällig. Ein witziger Kopf erfand die „Trabi-Grenze“, als neue deutsche Grenze, doch diese Grenze verschwand schneller als alle früheren; sie bezeichnete die Linie, bis zu der die Ostdeutschen nach Westen vorstießen. Wochenlang war die gesamte Bundesrepublik überschwemmt von Sachsen, Thüringern, Märkern und Mecklenburgern, die sehen und hören, kaufen und kennen lernen wollten.

„Selbstverständlich freue ich mich über unseren Nachwuchs. Warum fragst du?“

Trabi
Trabant: Automarke in der DDR
Kurfürstendamm
Prunkstraße in Berlin
Schutzwall
In der DDR offizielle Bezeichnung für die Berliner Mauer

- *Beschreibe die Situation, die an diesem Tag in Berlin und in anderen Teilen Deutschlands herrschte. Kannst du das Verhalten der Menschen verstehen?*
- *Kannst du mithilfe der Bilder die Ereignisse nach- und weitererzählen?*
- *Erkläre, warum der Fall der Berliner Mauer nicht nur für die deutsche, sondern auch für die europäische Geschichte einen Wendepunkt markiert.*

Vergilbte Fotos

Seit den 80er-Jahren erleben Deutschland wie Österreich eine neue Welle des Rechtsradikalismus. Unter denen, die Terroranschläge gegen Ausländer und Nichtsesshafte sowie Briefbombenattentate gegen Politiker und Prominente verüben, befinden sich auch viele Jugendliche. Aber nicht alle, die sich rechtsradikalen Ideen zuwenden, sind zu Gewalttaten bereit. Die folgende Geschichte beschreibt, wie man solche Jugendlichen zum Nachdenken bringen kann.

Knobelbecher
Grobe Schnürstiefel, wie sie beim Militär Verwendung finden
Mein Kampf
Buch von Adolf Hitler, in dem er 1925/26 seine Weltanschauung darlegte

Mein Freund Walter erhielt neulich überraschend Besuch. Es klingelte nachmittags an der Haustür und als er öffnete, stand ein etwa sechzehnjähriger Junge da, breitbeinig, die Hände auf dem Rücken: „Haben Sie vielleicht Sachen aus den vierziger Jahren, die Sie nicht mehr brauchen?“ Er trug *Knobelbecher,* schwarze Hosen, braunes Hemd, die Haare sehr kurz geschnitten.
„Aus den vierziger Jahren?“, fragte Walter verblüfft. „Warum gerade aus den vierziger Jahren? Meinst du wirklich die vierziger Jahre? Oder können es auch die fünfziger oder sechziger oder vielleicht die siebziger Jahre sein?“

Konflikt mit Polizei

„Nein, nein“, sagte der Junge bestimmt, „die vierziger Jahre. Eher vor 1945.“
„Und an was für Sachen denkst du da?“
„Na, irgendetwas.“
„Ich meine, denkst du zum Beispiel an ein altes Radio, so einen Volksempfänger, oder an Möbel oder Bücher . . .?“
„Bücher wären nicht schlecht. Es müssten aber welche sein wie *Mein Kampf* oder so. Eine SS-Uniform oder ein Ehrendolch oder Orden wären natürlich am besten.“
Walter atmete tief durch. „Aha. Und warum sammelst du das?“
Es entstand eine kurze Pause, der Junge schien zu überlegen. „Wir sind eine Gruppe an der Berufsschule“, antwortete er schließlich. „Wir kennen jemanden, der kauft solche Sachen. Er handelt mit Antiquitäten oder wie das heißt und er sagt, dass man dafür Geld bekommt.“ Er schwieg erneut und fragte dann kurz angebunden: „Haben Sie nun etwas oder nicht?“
„Ich kann ja mal nachsehen“, sagte

Walter. „Komm doch einen Augenblick herein, dann können wir uns besser unterhalten." Sie gingen ins Wohnzimmer und Walter bot dem Jungen einen Stuhl an. „Warst du schon in der Nachbarschaft?", fragte er.

„Klar", sagte der Junge. „Ich klappere die Häuser der Reihe nach ab. Aber bisher hab ich nichts bekommen. Manche halten mich für einen Vertreter und hören gar nicht erst zu."

Walter zog eine Schublade des Wohnzimmerschranks auf und begann zu kramen. „Was hältst du von Fotos?", fragte er und nahm einen Packen vergilbter alter Fotografien heraus.

„Es kommt darauf an", sagte der Junge. „Sie können sie mir ja mal zeigen."

Auf dem ersten Foto war ein Mann mittleren Alters zu sehen, der an einem Schreibtisch saß, im Hintergrund Bücherregale. „Das ist mein Vater", erklärte Walter. „Er war Jurist und ist im Frühjahr 1945 gestorben."

Der Junge schüttelte den Kopf: „Kann ich nicht gebrauchen."

Auch auf dem zweiten Foto war ein Mann mittleren Alters zu sehen, der Kleidung nach offensichtlich ein Pastor. „Mein Onkel", erklärte Walter. „Der Bruder meines Vaters. Er ist ebenfalls im Frühjahr 1945 gestorben."

Der Junge schüttelte erneut den Kopf: „Das ist nichts für mich. Haben Sie nicht Aufnahmen von Panzern oder von Flugzeugen oder überhaupt von der Front? Das könnte ich eventuell loswerden."

Walter blätterte die Fotos durch und zog eines heraus, auf dem ein Mann in der Uniform eines Generals abgebildet war. „Der Onkel meines Vaters", sagte er, „übrigens auch Anfang 1945 gestorben."

„Gefallen?", fragte der Junge lebhaft.

Neonazis

Bekennende Kirche
1934 gegründete Vereinigung evangelischer Christen, die sich gegen die von der NSDAP beabsichtigte Zusammenfassung zu einer evangelischen Reichskirche richtete

- *Habt ihr noch Fotos aus der NS-Zeit zu Hause? Bringt sie mit und sprecht über das Schicksal eurer Familien in dieser Zeit.*
- *Die Geschichte erzählt, wie der Junge durch das Gespräch und die Fotos nachdenklich wird. Erscheint dir der aufgezeigte Weg als eine Möglichkeit mit Jugendlichen über ihre rechtsradikalen Ideen zu sprechen?*
- *Habt ihr andere Vorschläge mit Jugendlichen ins Gespräch zu kommen, die rechtsradikalen Ideen anhängen? Spielt euren Vorschlag der Klasse vor.*

„Nein, nicht gefallen“, erwiderte Walter. „Er ist genauso umgebracht worden wie mein Vater und dessen Bruder.“
„Umgebracht worden?“, horchte der Junge auf. „Wohl von den Alliierten, was?“
Walter blickte ihn nachdenklich an. „Von den Nazis“, sagte er nach einer Weile. „Sie gehörten dem Widerstand gegen Hitler und gegen den Nationalsozialismus an.“
Der Junge hielt einen Moment den Atem an und eine tiefe Röte stieg ihm ins Gesicht. Er schien nicht mehr zu wissen, wo er seine Hände lassen sollte.
Walter tat so, als bemerkte er nichts. „Mein Vater war bei einem Luftverkehrsunternehmen tätig“, erläuterte er. „Ende April 1945 wurde er von der SS aus einem Gefängnis in Berlin verschleppt und durch Genickschuss hingerichtet. Man konnte schon den Kanonendonner von der heranrückenden Front hören. Mein Onkel, der als Theologe der *Bekennenden Kirche* angehörte, ist Anfang April 1945, wenige Tage vor der Besetzung durch die Amerikaner in einem KZ aufgehängt worden. Und der Onkel meines Vaters ist im März 1945 in einem KZ angeblich auf der Flucht erschossen, in Wirklichkeit aber zu Tode gefoltert worden.“
Der Junge saß nach vorn gebeugt da und hielt den Blick auf seine Knobelbecher gerichtet, er sagte nichts.
„Wenn's dich interessiert, wie es in solchen Konzentrationslagern aussah“, fuhr Walter fort und ging die alten Aufnahmen durch, „kann ich dir Bilder darüber zeigen.“ Er breitete ein paar Fotos auf dem Tisch aus und trat an den Bücherschrank, um ein Buch zu holen. „Die Kinder meines Onkels“, berichtete er weiter, „waren nach der Verhaftung ihres Vaters ebenfalls in ein Lager eingeliefert worden; sie müssen damals zwischen vier und dreizehn Jahre alt gewesen sein. Du weißt, die Nazis verfolgten auch die Familienangehörigen, das nannte sich ‚Sippenhaft‘.“ Er schaute zu dem Jungen hinüber, der ihn jetzt mit großen Augen ansah, aber immer noch schwieg. Walter blätterte in einem großformatigen Bildband. „Hast du von diesen Vorgängen schon gehört?“, fragte er.
„Gehört hab ich davon“, erwiderte der Junge mit belegter Stimme. „Aber ich dachte immer, das müssen alles Verbrecher gewesen sein, die damals eingesperrt oder hingerichtet worden sind.“
„Soll ich uns vielleicht eine Tasse Kaffee kochen?“, fragte Walter, „dann kann ich dir noch weitere Fotos zeigen und wir könnten uns darüber unterhalten.“
Der Junge nickte. „Wenn es Ihnen nichts ausmacht“, meinte er. „Interessieren würde mich das schon.“

Das Ende ihrer Revolution

Nach dem Zweiten Weltkrieg war Ungarn in den Machtbereich der damaligen Sowjetunion gelangt. Nach ihrem Vorbild wurde Ungarn zu einer sozialistischen Republik und trat dem Warschauer Pakt, dem osteuropäischen Militärbündnis, bei. Als es 1956 auf Druck der damaligen UdSSR zu einem Regierungswechsel kam, begann unter der Führung des Kommunisten Imre Nagy (1896–1958) ein spontaner Volksaufstand. Um ein Abweichen von dem von Moskau vorgegebenen Kurs zu verhindern, wurden sowjetische Panzerverbände nach Ungarn entsandt, wo sie den Aufstand mit äußerster Brutalität niederschlugen.

Mit bloßen Händen, mit Benzinflaschen und Steinen kämpfte das ungarische Volk gegen die sowjetischen Panzer. In Budapest tobten Straßenschlachten, Sowjet*embleme* wurden heruntergerissen, Denkmäler gestürzt. Doch die russischen Panzer waren stärker. In panischer Flucht näherten sich mehr als hunderttausend Ungarn dem *Eisernen Vorhang,* der Grenze zu Österreich.
Ein eisiger Herbstwind blies über die kahlen Felder, hungrige Vögel schrien ihr Klagelied, die Silhouetten der Wachtürme ragten wie Gerippe zum Himmel. Seit Tagen waren diese Wachtürme spärlich besetzt, das Kläffen der Hunde war verstummt. Und seit Tagen tauchten die Flüchtlinge aus der Nacht auf, waren plötzlich da, barfuß, weil sie im Schlamm die Schuhe verloren hatten, mit grauen Gesichtern und blaugefrorenen Lippen. Sie zogen Kinder hinter sich her und wenn sie die Grenze passiert hatten, blieben sie stehen, Statuen gleich, ohne ein Lächeln, blickten sie einmal zurück und beschleunigten dann ihre Schritte, jetzt, da die Heimat hinter ihnen lag. Überall im Burgenland lagerten sie, in Schulen, die man rasch freigemacht hatte, auf Matratzen und Decken, auf freiem Feld, in Privatquartieren bei den Bauern.
Das war das Ende ihrer Revolution: von Panzern gejagt, von ihren Ver-

Aufständische Ungarn verbrennen Plakate.

Emblem
Kennzeichen, Sinnbild, Hoheitszeichen
Eiserner Vorhang
Bezeichnung für die durch Europa führende Grenze zwischen den westlich-demokratischen und den östlich-sozialistischen Staaten

Andau
Ort im Burgenland. Über die schmale Holzbrücke in der Nähe des Ortes flohen 1956 etwa 70 000 Menschen von Ungarn nach Österreich.

Ein von Aufständischen umgestürzter und mit antikommunistischen Parolen beschriebener Straßenbahnwagen in der Innenstadt von Budapest

wandten getrennt, nur noch von der Hilfe der Österreicher abhängig, die im ganzen Land Sammlungen veranstalteten, Blut spendeten, Spielzeug schickten, mit Lastwagen und Privatautos angefahren kamen.
Sie lagen wie tot nebeneinander in der Schule von *Andau,* kaum einer, der sprach. Ein kleines Mädchen fantasierte im Schlaf, die Mutter redete halblaut auf das Kind ein, zog ihm die Decke über den Kopf. Ein kleiner Bub hielt noch im Schlaf eine Tafel Schokolade umklammert.

Aufständische Ungarn stellen sich den sowjetischen Panzern in den Weg.

Draußen, vor der Schule, hockten zwei hübsche Mädchen, jedes vielleicht zwanzig Jahre alt, niemand wusste, woher sie gekommen waren, hübsche Mädchen aus irgendeinem Teil Österreichs. Seit drei Tagen hatten sie nicht geschlafen, hatten Tee gekocht, einen Kessel voll, dann noch einen Kessel, hatten Kinder beruhigt, eine Sendung Schuhe in Empfang genommen und Decken verteilt. Sie waren todmüde und ihre Gesichter waren dunkel von dieser Müdigkeit, längst hatten sie aufgehört zu lächeln und zu sprechen. Plötzlich fuhren sie empor.

Weit draußen hatte eine Frau geschrien, schrie noch immer ohne aufzuhören, ein Gewehr bellte, fast leise klang es in der Nacht, und noch immer schrie die Frau.

Die Mädchen stürzten ins Freie, liefen der Grenze zu, trafen ein paar Männer, die etwas riefen, was sie nicht verstanden; ungarische Flüchtlinge waren es.

Sie standen und lauschten in die Dunkelheit, es war kalt und die Mädchen wurden geschüttelt von dieser Kälte.

Die Frau war auf einmal unter ihnen, eine junge Frau. Sie flüsterte heiser etwas vor sich hin, blickte ringsum, es war, als habe sie etwas verloren. Dann war sie plötzlich in der Dunkelheit verschwunden.

„Sie geht zurück“, sagte einer der Männer.

„Ihr Kind. Sie hat ihr Kind verloren“, sagte ein anderer.

Wachturm an der österreichisch-ungarischen Grenze

Eines der beiden Mädchen begann zu weinen, das Weinen beutelte seinen Körper hin und her und man musste es schnell wegführen.

„Mein Gott“, sagte es, „mein Gott!“

Die Wachturmgeripppe ragten steif zum Himmel und ein Vogel schrie.

Die ungarische Revolution war niedergeschlagen. Eine Welle der Hilfe für die Flüchtlinge begann. An der Grenze wurden neue Minengürtel angelegt.

- *1989 begann an der ungarisch-österreichischen Grenze der Eiserne Vorhang brüchig zu werden. Sieh in einem Buch nach oder frage deine Eltern, was damals hier geschah.*
- *Vergleicht die Ereignisse von 1956 mit denen von 1989.*

Manchmal möchte ich wegfliegen

Seit der Vielvölkerstaat Jugoslawien 1990 auseinanderzubrechen begann (Karte S. 45), war Sarajewo, die Hauptstadt Bosniens, einer der Orte, der zwischen den Kriegsparteien Serbien und Bosnien am meisten umkämpft war. Mitten durch die Stadt verlief über Jahre hinweg die Front (Karte S. 46). In ihrem Briefroman lässt die Schriftstellerin Margaret Klare ein zehnjähriges Mädchen namens Marta erzählen, wie ein Kind diese Situation erlebt.

Sarajewo, Januar 1993

Liebe Tante Vesna,
meine Briefe sind bestimmt noch nicht bei dir. Und mit der Antwort kann es sowieso lange dauern, sagt die Mama.
Vielleicht kommen meine Briefe überhaupt nicht an?
Aber ich schreibe dir trotzdem, weil ich nämlich sehr traurig bin. Mama hat meine Turnschuhe verbrannt. Mit einem Turnschuh kann sie einen Liter Wasser kochen. Es war nichts anderes mehr da. Turnschuhe brennen besonders gut. Hast du gewusst, dass man mit Schuhen kochen kann? Als es anfing mit der Kälte, haben wir im Park Äste und Zweige gesammelt. Aber das ist jetzt viel zu gefährlich wegen der Granaten. Nachts hab ich am meisten Angst, wenn sie aus den Bergen schießen. Dann ist das Echo so laut. Wie bei einem Gewitter. Die Granaten können überall einschlagen. Zwei Häuser in unserer Straße sind schon getroffen: das weiße an der Ecke neben dem Fleischerladen und das große mit der blauen Tür, wo Onkel Dragan wohnt. Kennst du ihn? Er war im Keller, als es passiert ist. Sonst wär er bestimmt tot.
Als wir keine Äste und Zweige mehr holen konnten, hat der Papa die schöne Holzbank von der Terrasse in Stücke zersägt. Das war ein trauriger Tag. Aber es gab eine Menge Holz und die Mama konnte lange kochen. Weißt du, wo sie kocht? Im Wohnzimmer! Da sind noch Fensterscheiben. Und in meinem Zimmer. Sonst sind sie überall kaputt. Der Papa hat aus Omas Kohleneimer einen

Straße in Sarajewo

Ein Kind in den Trümmern eines Hauses in Sarajewo

Ofen gebastelt. Wirklich toll. So toll, dass Mama sagt, Papa wäre ein Genie und sie hätte es gar nicht gewusst.
Nach der Holzbank kamen die Regale und zwei alte Schränke aus dem Keller dran. Dann die Schuhe. Erst die von Mama und Papa, die sie jetzt nicht anziehen. Und heute meine Turnschuhe. Sie waren noch gar nicht alt. Die Mama meint, ich brauchte sie jetzt sowieso nicht, und wenn ich wieder welche brauchte, dann könnte man auch wieder welche kaufen. Vielleicht hat sie Recht. Aber schade ist es doch. Hoffentlich will sie meine Lackschuhe nicht haben. Die brennen sicher nicht so gut wie Turnschuhe.

Ich schreibe dir bald wieder und erzähle dir von unserem Wellensittich. Du kennst Zivko noch gar nicht.
Viele Grüße
deine Marta

Sarajewo, Juni 1993

Liebe Tante Vesna,
es ist etwas ganz Schreckliches passiert. Und Tante Jelena war dabei. Sie ist gekommen und wollte es der Mama erzählen. Aber sie hat so geweint, dass sie es nicht sagen konn-

te. Die Tränen haben die Wörter verschluckt. Die Mama hat mitgeweint. Dabei hat sie gar nicht gewusst, was los war. Aber sie hat schon gewusst, dass es schrecklich war. Sie haben beide dagestanden und geweint und manchmal sind sie sich um den Hals gefallen. Und sie haben überhaupt nicht gemerkt, dass ich auch da war. Nachher hat Tante Jelena alles erzählt. Sie war auf dem Friedhof, weil ein Mann beerdigt wurde, den sie gekannt hat. Auf einmal ist eine Granate explodiert, ganz nah bei dem Grab. Es war wie in der Hölle, hat sie gesagt. Erst hat keiner was gesehen. Weil alles dunkel war von Staub. Dann haben sie gesehen, dass acht Leute tot waren. Wie der Mann, den sie beerdigen wollten. Ist das nicht komisch? Sie wollen einen beerdigen und sind dabei selber tot. Was passiert jetzt mit ihnen? Bestimmt haben alle Angst und lassen sie einfach liegen. Und es gibt auch keine Gräber mehr, sagt Tante Jelena.

Einwohner Sarajewos versorgen sich mit Wasser aus der öffentlichen Wasserleitung

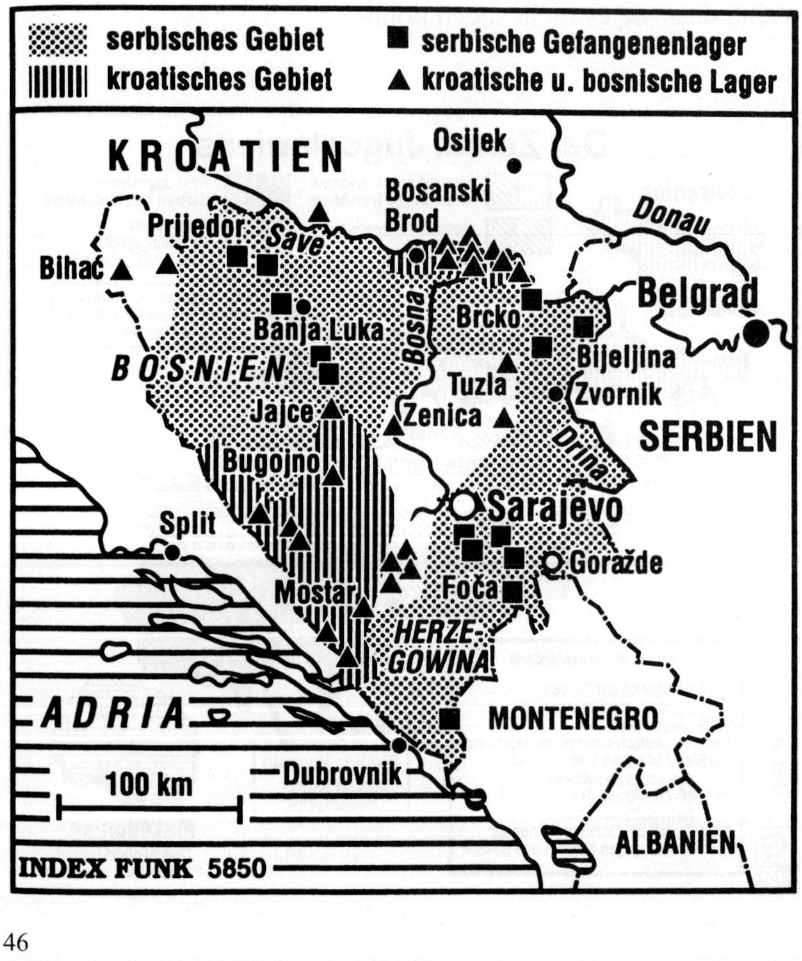

Warum schießen sie Granaten auf den Friedhof? Wenn sie die Leute totschießen, die einen Toten beerdigen wollen, ist nachher keiner

mehr da, der es tun kann. Ich muss immer daran denken.
Hoffentlich passiert nie so was Schreckliches, wenn ich dabei bin. Ich will nichts Schreckliches sehen! Manchmal möchte ich wegfliegen oder -schwimmen oder in die Erde kriechen. Aber ich bin ja kein Vogel und kein Fisch und kein Maulwurf.
Viele Grüße
deine Marta

Sarajewo, Juli 1993

Liebe Tante Vesna,
jetzt haben wir gar nichts mehr. Keinen Strom, kein Wasser, kein Gas, überhaupt nichts. Nur Durst und Hunger. Der Durst ist noch schlimmer. An Tante Amras Brunnen steht eine lange Schlange. Bald ist er leer, sagt Onkel Igor. In der ganzen Stadt gibt es nur noch eine Wasserstelle. Weil es keinen Strom gibt und kein Benzin, kann man das Wasser nicht mehr hochpumpen, sagt der Papa. Alle haben Durst und manche Leute trinken aus dem Fluss. Sie werden bestimmt krank. Onkel Igor sagt, ich soll bloß nicht auf die Idee kommen aus dem Fluss zu trinken. Ich komm ja auch gar nicht hin! Sie kriegen schlimme Krankheiten, sagt er: Typhus oder Ruhr oder Cholera. Daran muss man sterben, wenn man keine Medikamente hat. Weil der Fluss vergiftet ist. Wie der Brunnen in dem Märchen von Brüderchen und Schwesterchen. Solange ich noch Spucke im Mund hab, ist es nicht so schlimm.
Onkel Igor sagt, wir sind in der Hölle, mittendrin. Und wir könnten froh sein, dass wir kein Gas kriegen. Weil viele Leute die Gasleitungen in der Erde angebohrt haben. Überall sind jetzt Löcher in den Leitungen. Und wenn wieder Gas fließt, gibt es lauter Explosionen, mehr als von den Granaten, sagt er. Ich hab Angst. Besonders wenn Mama und Papa weg sind. Aber dann ist Onkel Igor hier, fast immer. Wenn wir sterben, dann sollen es alle sein: Mama und Papa und Onkel Igor – und ich.
Aber ich will nicht tot sein. Ich will Mirjana wiedersehen und Milan und zu dir reisen – wenigstens einmal!
Viele Grüße
deine Marta

Auf einem muslimischen Friedhof

- *Auch heute gibt es an vielen Orten der Erde Kriege. Sammelt Bilder aus der Zeitung, die Kinder im Krieg zeigen, und macht eine große Collage für euer Klassenzimmer.*
- *Sprecht anhand der Collage miteinander über das Schicksal von Kindern im Krieg.*

Für mich sind Sie Europäer

Das folgende Gespräch berichtet von einem Mann, der nach dem Zweiten Weltkrieg von Europa nach Australien gekommen war, wo es ihm gut gefiel. Mit seinem freundlichen Arbeitgeber verband ihn nicht nur die gemeinsame Liebe zum Musizieren, es sah auch ganz danach aus, als sollte der junge Einwanderer schon bald sein Schwiegersohn werden. Dessen Nationalität bereitete dem Australier allerdings einiges Kopfzerbrechen.

Smetana (1824–1884)
Friedrich Smetana, bedeutender tschechischer Komponist

„Aus Deutschland kommen Sie also?", fragte der Firmeninhaber den jungen Mann beim ersten Besuch.
„Ja, aus der amerikanischen Zone."
„Ach, dann sind Sie Amerikaner?"
„Nein, ich habe nur in der amerikanischen Zone gewohnt, in Bayern."
„Ein Bayer also?"
„Nein, nein, ich bin erst nach dem Krieg nach Bayern gekommen. Mein Heimatort liegt bei Munkatsch in Karpatorussland."
„Wie? Dann sind Sie also ein Russe?"
„Nein, nein, gewiss nicht. Es ist so: Als ich geboren wurde, gehörte Karpatorussland zu Ungarn."
„Also sind Sie ein Ungar! Jetzt verstehe ich, dass Sie so temperamentvoll sind und so gern Musik machen."
„Nein, das stimmt wieder nicht, denn 1918 wurde meine Heimat tschechisch."
„Oho, ein Tscheche! *Smetana!* Was nicht gar!"
„Nein, nein, 1939 wurde Karpatorussland wieder ungarisch."
„Gottlob, wieder ungarisch. Die Ungarn sind mir sympathisch."
„Ich bin aber keiner, denn nach dem letzten Krieg wurde meine Heimat nochmals tschechisch."
„Verflucht noch mal . . .!"
„Ja, und jetzt gehört sie zur UdSSR."
„Um Gottes willen! Also doch ein Russe."
„Nein, denn ich wurde als Deutscher damals ausgesiedelt."
„Also Mann, jetzt reicht es mir aber: Wenn Sie doch als Deutscher nach Deutschland gekommen sind, was zum Teufel sind Sie denn dann anderes als ein Deutscher?"
„Ja, das habe ich auch gedacht. Ich wurde aber in Deutschland als Staatenloser geführt. Damit Sie das besser verstehen. Ich war in Wien, als Österreich 1938 zu Deutschland kam."
Da schlug der Australier die Hände über dem Kopf zusammen und rief aus: „Jetzt aber Schluss! Mögen Sie sein, was Sie wollen, ich schaff' das nicht mit meinem Verstand. Für mich sind Sie ab heute ein Europäer."

- *Sucht die Stadt Munkatsch in Karpatorussland im Atlas. Merkt euch die Orte, an denen der junge Mann aufgewachsen ist und versucht das Gespräch nachzuspielen.*
- *Überlegt: Wie wichtig ist es für jemanden einer bestimmten Nation anzugehören?*

Willkommen im Dorf deiner Ahnen

Durch den Kolonialismus des 19. und des beginnenden 20. Jahrhunderts waren viele afrikanische Völker in die Abhängigkeit ihrer europäischen Kolonialherren geraten. Viele dieser Länder errangen erst in den 50er- und 60er-Jahren ihre Unabhängigkeit. Vielerorts führten die ungeklärten politischen Verhältnisse zu Befreiungskämpfen und Revolutionen, die erst allmählich – häufig mithilfe der ehemaligen Kolonialherren – überwunden werden konnten. Wie solche Hilfe aussehen kann, schildert eine erfundene Erzählung.

Beschauliche Geschäftigkeit prägt das kleine Dorf an diesem Nachmittag. Mädchen schöpfen Wasser aus dem Dorfbrunnen, fette Hammel drehen sich am Spieß. Unter dem Vordach, wo Schatten und ein leichter Wind Kühle spenden, sitzen die Hauptfrauen der Familien und lassen sich ihre Haare zu hochaufgetürmten Frisuren formen. Kunstvoll gewebte Tücher werden bereitgelegt für die Stammesältesten, die im Schatten der großen Palme in der Dorfmitte beisammensitzen, rauchen und hin und wieder reden.

„Er ist ein großer Mann geworden, dein Amadou", sagt einer, dessen spärlicher weißer Bart die Stammesnarben an der Wange überdeckt. Ein kräftiger Alter, den Rücken an den Baum gelehnt, blickt stolz auf: „Ja, er war sogar viele Jahre in Europa, wo die weißen Männer leben. Und", so fährt er eifrig fort, „meinem Amadou gehört das Ohr unseres Präsidenten. Er ist sehr tüchtig und er ist ein guter Sohn".

Wieder schweigen die Männer und denken vielleicht daran, dass Amadou seiner Familie immer wieder Geschenke geschickt hat, nützliche Dinge wie Baumwollhemden, Messer, Geschirr aus Plastik oder Messing, ja sogar eine Zeitung, auf der sein Bild abgedruckt ist. Das Bild hängt in der Hütte, ist aber längst vergilbt. Sogar ein Buch hat Amadou geschrieben, aber auch die, die ein wenig lesen können, verstehen es nicht. „Über den Aufbau landwirtschaftlicher *Kooperativen*", so hat Amadous Bruder den Titel entziffert. Für den alten Dorfheiler ist dieses Buch eine Magie, die er nicht mehr versteht und vor der er sich fürchtet.

Plötzlich ein Geschrei: Die kleinen Jungen mit ihren scharfen Augen haben draußen auf der Steppe eine Sandwolke gesehen!

Amadou sitzt auf dem Rücksitz seines Landrovers. Eigentlich würde er gerne selber fahren, aber ein hoher Beamter ohne Fahrer, das geht nicht, da würde er an Gesicht verlieren, das würde seinen Vater enttäuschen.

Kooperative
Hier eine Produktionsgenossenschaft, d. h. Bauern, die gemeinsam einen landwirtschaftlichen Betrieb führen

„Ob ich ihn wiedererkenne“, denkt er. „Fünfzehn Jahre habe ich ihn nicht mehr gesehen.“ Fünf Jahre war Amadou bei den Befreiungskämpfen im Busch, er hatte geschworen nicht eher heimzukehren, als bis die verhassten Kolonialherren aus dem Land seien. Dann der Taumel der Unabhängigkeit, der Versuch ein für allemal mit den Weißen zu brechen. Dann die bittere Erkenntnis, dass man doch auf sie angewiesen ist, auf ihr Wissen, ihre Spezialisten, ihr Geld. Schwarze Fachleute ausbilden, hieß nun die Devise, und der Präsident hatte Amadou wie viele andere junge Kämpfer nach Europa geschickt.

Es waren vier harte Lehrjahre, denn hier spürte Amadou, dass er für die meisten Menschen ein Exot, ein „Wilder“ war – auch für seine Mitstudenten, die so gern von der Befreiung der Dritten Welt redeten. Darüber führte er nächtelange Gespräche, während er tagsüber Wirtschaftswissenschaften und Maschinenbau studierte.

Und dann die Heimkehr: Die Hauptstadt hatte jetzt einen Flughafen, Banken, geteerte Straßen, Autos und Einkaufscenter. Doch die glitzernde Fassade zerbrach schnell für Amadou, als er seinen Job im neuen Ministerium für Entwicklung antrat. Der Reichtum endete an den Grenzen der City, dort, wo die Slums beginnen.

Amadous düstere Gedanken werden unterbrochen, als er auf seine Frau blickt. Als sie von ihrem Studium aus Moskau zurückgekommen war, war sie ihm als Sekretärin zugeteilt worden und völlig verzweifelt. Denn der Präsident hatte entschieden, dass man Frauen in leitenden Stellungen in der jetzigen Übergangszeit der Gesellschaft nicht zumuten könne.

Endlich kommt das Dorf in Sicht. Die Ältesten des Dorfes gehen Amadou entgegen, an der Spitze sein Vater. Er hat eine prächtige Fellmütze aufgesetzt und umarmt seinen Sohn. Amadou will ihm seine Frau vorstellen, aber der Alte wehrt ab und winkt seiner Hauptfrau, die Amadous Gefährtin zu einem der Häuser führt. Der junge Mann will schon aufbrausen, besinnt sich aber eines Besseren: Soll er gleich zu Beginn des Besuches seinen Vater vor den

Schwarze Afrikaner kämpfen gegen weiße Kolonialherren.

Kopf stoßen, nur weil der an den alten Traditionen festhält?
„Willkommen im Dorf deiner Ahnen, mein Sohn", erklärt der Alte feierlich. „Lass uns sehen, unter welchen Zeichen dein Kommen steht!"
Amadou muss sich zusammenreißen, denn jetzt tritt der Heiler mit dem Orakelbrett und einer Schale Palmkerne vor. Achtmal schüttelt er die Schale und fängt mit der Linken die Kerne. Je nach Anzahl macht er verschiedene Zeichen auf sein Brett und liest aus dem Muster die Zukunft: „Die Ahnen sagen, dass dein Besuch Glück und Reichtum bringt. Die Götter des Windes, der Seen und des Eisens, denen wir zu deinem Willkommen Lämmer und Hühner geopfert haben, sind mit dir, Amadou!", erklärt der alte Medizinmann feierlich.
„Der Heiler hat immer noch das Heft in der Hand", denkt Amadou, „obwohl sich die meisten Dorfbewohner Christen nennen!"
Abends beginnt dann das große Fest. Amadou muss sich die neuen, reich geschnitzten Hauspfosten ansehen, Zeichen des Ansehens, das sein Vater inzwischen erlangt hat. Stolz führt ihm dieser auch die Familienzugänge vor, neugierige Neffen und Nichten, die schon viel vom berühmten Amadou gehört haben, und Frauen, die nun dem Vater gehören, obwohl die Vielweiberei verboten ist. Aber ist es nicht ein offenes Geheimnis, dass auch der Präsident mehrere Frauen hat?

Altes Dorf mit Rundhütten und Spitzdächern aus Stroh am Niger

Das Dorf fährt auf, was es zu bieten hat: Lammbraten und *Jams*eintopf, Zitronenhuhn in Zwiebelsauce und mit Erdnuss, *Maniok* und Fleischbällchen und vieles mehr. Amadou weiß, dass die Dorfgemeinschaft an diesem Abend einen Großteil ihrer Vorräte aufbraucht. Das war hier immer so: Wenn ein Gast kam, dann wurde das Beste aufgetischt ohne an das Morgen zu denken.
Dann sieht er seine Frau, die mit verbissenem Gesicht hinter den Frauen der Ältesten sitzt, ja diese bedienen muss, so wie die Sitte es verlangt.
Endlich sprechen die Trommeln, die jungen Männer setzen ihre Elfenbeinmasken auf und tanzen und singen. Amadou erinnert sich, wie er selbst zum ersten Mal so tanzen durfte, damals, als er zum Mann erklärt wurde.
Am nächsten Morgen wacht er mit schwerem Kopf auf. Solche Feste ist er nicht mehr gewöhnt! Der Vater führt ihn aufs Feld, wo der Alltag be-

Jams
Tropische Pflanze, deren Wurzelknollen wie Kartoffeln verwendet werden
Maniok
Tropische Pflanze, aus deren Wurzelknollen Stärkemehl hergestellt wird

Devisen
Zahlungsmittel in ausländischer Währung, insbesondere Schecks, Wechsel usw.

gonnen hat. Die Frauen graben mit Stöcken Wurzeln aus, sie sind bei der Ernte.

„Ihr habt nicht viel mehr Felder als vor 15 Jahren“, meint Amadou und der Vater nickt bedächtig: „Wir haben, was wir brauchen. Von deinem Geld habe ich mir Vieh angeschafft und eine neue Frau. Das Vieh ist im verborgenen Tal, die Steuereinnehmer müssen es ja nicht sehen.“ Er blinzelt verschmitzt und fügt hinzu: „Jetzt, wo wir frei sind, sollten wir noch weniger Abgaben zahlen als früher!“

„Schau, Vater, wir brauchen das Geld für das ganze Volk. Wir haben von den Weißen Fabriken übernommen, die weiter produzieren müssen.“

„Warum?“

Amadou ringt nach Worten: „In diesen Fabriken stellen wir Pflüge her und Traktoren und Kleider. Wenn wir das aus dem Ausland kaufen müssen, dann kostet es uns *Devisen!“*

Der Vater nickt verständnislos: „Ich weiß nicht, was Devisen sind. Aber einen Traktor haben wir auch. Er steht beim Schmied. Aber erst kam kein Treibstoff, gerade als wir pflügen mussten, und dann war er monatelang kaputt. Gut, er leistet nützliche Dienste, aber wir haben genug Frauen, die die Erde aufhacken! Wenn Frauen nichts zu tun haben, werden sie aufsässig. Du solltest dir im Übrigen noch eine Frau nehmen. Du musst ja die alte nicht verstoßen, aber zwei Kinder, das ist zu wenig!“

„Lass das meine Sorge sein!“, braust der junge Mann auf, um dann wieder ruhig zu erklären: „Es sollte jeder nicht mehr als zwei Kinder haben. Unsere Bevölkerung wächst zu schnell. Wir müssen zuerst unsere Landwirtschaft modernisieren, dann können wir an mehr Kinder denken. Und deswegen ist es auch nicht gut, wenn ein Mann mehrere Frauen hat!“

Nun wird der Vater ärgerlich: „Manchmal glaube ich, ihr in der Hauptstadt seid dümmer als die weißen Teufel! Vieh, aber vor allem Frauen und Kinder, das ist unser wichtigster Reichtum. Wer soll denn für mich sorgen, wenn nicht sie? Je größer die Familie, um so sicherer das Alter!“

„In Europa, Vater, habe ich ein anderes System kennengelernt: Jeder, der arbeitet, zahlt in eine Kasse, aus der er im Alter dann Geld erhält.“

Die Tropenarchitektur der Universitätsgebäude in Ibandan

Fernseher in einem afrikanischen Dorf

Nun wird der Alte ernstlich böse: „Entweder du bist so dumm oder gehörst auch schon zu denen, die uns alles wegnehmen wollen. Das ist nur ein neuer Trick, um an unser Geld zu kommen!“

Schweigend gehen die beiden eine Weile nebeneinander her und kommen zu den Erdnussfeldern. Von einem Bach fließt Wasser in kleine Rinnen, um die Sträucher zu bewässern. Amadou sieht einen Ansatzpunkt, um mit dem Vater wieder ins Gespräch zu kommen. „Aber dass die Regierung den neuen Brunnen bauen ließ, das war doch nicht schlecht. Jetzt habt ihr bessere Ernten!“

Der alte Mann nickt bedächtig: „Die Anlage ist gut und was noch besser ist, der Schmied kann sie meist ohne fremde Hilfe reparieren. Aber die Preise sind nicht gut!“

„Aber erst neulich hat die Regierung die Preise angehoben und die Abnahme garantiert!“

Der Vater ist skeptisch: „Aber sieh doch: Ihr erhöht die Preise für Erdnüsse um das Doppelte, aber die Preise für Hosen und Hemden, Sicheln und alles andere steigen ums Vierfache. Habt ihr denn davon keine Ahnung?“

„Ihr solltet die Händler anzeigen, Vater. Der Präsident hat einen Preisstopp erlassen!“, rät Amadou.

Doch sein Vater lächelt nur kurz.

„Wenn wir tun, was du sagst, was passiert dann? Die Händler verkaufen uns nichts mehr. Was glaubst du, was dann wäre? Wenn uns nicht die jungen Männer Geld schicken würden, so wie du? Ich bin dir dankbar, Sohn – noch bin ich stolz auf dich, aber verschone mich künftig mit solchem Unsinn!“ Wütend stampft der alte Mann davon und lässt Amadou stehen.

Am Nachmittag kommt Amadou mit seinem jüngeren Bruder ins Gespräch, der ihn beiseite nimmt: „Kannst du mir nicht Arbeit in der Hauptstadt verschaffen?“

„Wieso, du hast hier doch eine schöne Hütte, eine Frau und Kinder?“

Der Bruder entgegnet: „Wohnst du nicht in einem Steinhaus, hast ein Auto und elektrische Geräte? Ich will doch nicht versauern wie Vater. Die Landwirtschaft bringt nichts!“

„Ja, wenn du weggehst wie alle jungen Leute hier, dann muss natürlich alles beim Alten bleiben. Ihr solltet

euch zusammentun, einen Kredit aufnehmen, neues Land bebauen. Ich kann euch einen Berater schicken, vielleicht könnte ich auch Geld für euch bekommen, es gibt die Kirchen in Europa, die solche Kleinprojekte fördern. Stellt euch vor, ihr betreibt eine Biogasanlage. . ."
„Eine was?", fragt Amadous Bruder verständnislos.
„Ach, das erklär ich dir später. Auf jeden Fall hättet ihr dann Strom, dann könntet ihr sogar einen Fernseher betreiben, ihr könntet auch einen Kleinbetrieb aufziehen, etwa alle Pflüge der Gegend reparieren."
Aber Amadou wird von seinem Bruder grob unterbrochen: „Du glaubst doch nicht, dass Vater oder die Ältesten das zulassen! Und wenn, was ist da schon zu verdienen? Geld kannst du nur in der Hauptstadt verdienen. Da gibt es Weiße, die geben dir einen Dollar, wenn du ihnen einen Tee bringst! Weißt du, wie lange wir hier schuften, um einen Dollar zu verdienen? Und den bekomme nicht etwa ich, sondern Vater. Du musst mich in der Stadt unterbringen, ich könnte ja als Diener anfangen oder den Touristen Gepäck tragen."
Amadou ist froh, als in diesem Moment der Landrover kommt. Er und seine Frau müssen zurück, um rechtzeitig den Zug in die Hauptstadt zu bekommen. Seinem Bruder sagt er, dass er bald von ihm hören werde, und er umarmt seinen Vater und verspricht nicht wieder 15 Jahre mit einem Besuch zu warten.
Endlich sitzt Amadou im Wagen und versucht seine Gedanken zu ordnen. Kann er ein kleines Entwicklungsprojekt für das Dorf an Land ziehen? Aber werden die Menschen mitmachen, überhaupt verstehen, was er will? Kann man ihnen helfen? Oder wollen sie sich gar nicht helfen lassen? Sicher, es ist ein sehr abgelegenes Dorf, denkt Amadou, es sieht wohl nicht überall auf dem Lande so aus. Oder doch? Weiß er inzwischen so wenig von den Menschen, die er verwaltet? Während er seiner Frau über den Arm streicht, grübelt Amadou weiter. Soll er seinem Bruder helfen in die Stadt zu kommen, obwohl das all seinen Grundsätzen widerspricht? Aber muss er das nicht tun, schon aus Familiensolidarität? Irgendwie ist Amadou erleichtert, dass er weg ist aus dem alten Dorf, dass er dorthin heimkehrt, wo er hingehört, in die Hauptstadt!

- *Zähle auf, welche Verbesserungen die Regierung, deren Berater Amadou ist, für das Dorfleben gebracht hat.*
- *Weshalb hält Amadous Vater die Maßnahmen der Regierung nicht für richtig?*
- *Amadou unterbreitet seinem Bruder verschiedene Vorschläge, wie sich das Wirtschaftsleben im Dorf verbessern ließe. Wie hättest du an seiner Stelle reagiert?*
- *Versetze dich in die Lage der Frau des Bruders von Amadou: Wie antwortest du ihm auf seinen Vorschlag in die Stadt zu ziehen?*

Dritte Welt

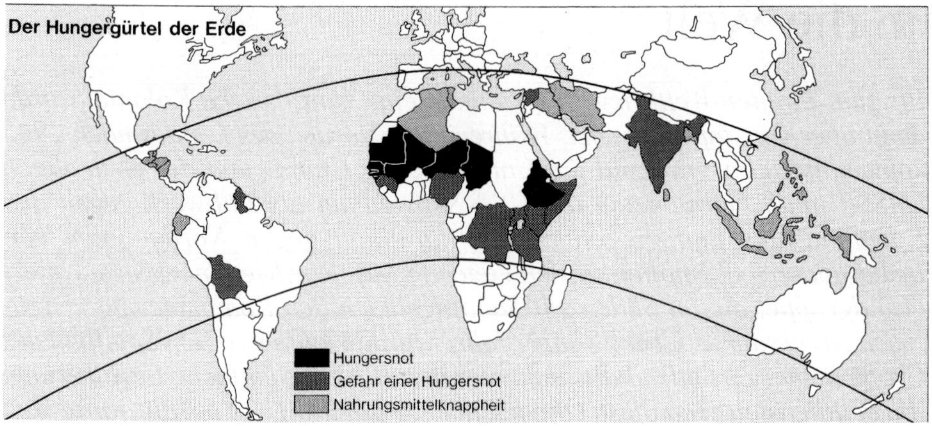

Erkläre die Karte mit eigenen Worten:

....

....

Stelle einige Unterschiede zwischen Ländern der Dritten Welt und den Industrieländern fest:

Gesundheit..

Ernährung...

Wohnen..

Kinderarbeit..

Bildung...

Beschreibe kurz die Aussage der Karikatur!

....

....

....

Welchen Beitrag kannst du für die Menschen in der Dritten Welt leisten?

....

....

....

Ein Bild geht um die Welt

Bis zum Zweiten Weltkrieg war Vietnam eine französische Kolonie, wurde dann aber von Japan besetzt. Während der Norden des Landes nach 1945 kommunistisch wurde und die Unterstützung Chinas und der ehemaligen UdSSR fand, betrachteten die USA Südvietnam als Bollwerk gegen den Kommunismus und gingen mit Militärmacht gegen Nordvietnam vor. Insbesondere bekämpften sie den Vietcong, eine nordvietnamesische Untergrundgruppe, die im Süden mit Sabotageakten den Kommunismus durchzusetzen versuchte. Über zwanzig Jahre wurde Vietnam so zum Spielball der Großmächte. Zu leiden hatte darunter vor allem die einfache Bevölkerung. Am deutlichsten zeigt diese Ohnmacht ein Bild, das 1972 um die ganze Welt ging. Es zeigt ein Mädchen, Kim Phuc. Mit Phuc und ihren beiden Brüdern führte der Journalist P. Krebs 1983 ein Gespräch.

Die Tür geht auf und ein Mädchen kommt herein: Kim Phuc. Gut sieht es aus: ein rundes, ebenmäßiges Gesicht, glattes, gescheiteltes Haar, das ihm bis auf die Schultern herabhängt, ein offenes, gewinnendes Lächeln. Es trägt eine weiß-rot bestickte Bluse mit langem Arm und weite, schwarze Hosen. Niemand sieht ihm die schweren Verletzungen an, seine Schwäche, seine labile Gesundheit – es ist eine hübsche junge Frau von zwanzig Jahren. Ein bisschen verlegen, als sie uns der Arzt vorstellt. Aufmerksam schaut sie jedem in die Augen, als wollte sie sich ein Bild machen, mit wem sie es zu tun hat, und kommt dann schnell zur Sache.

„Am Morgen dieses schrecklichen Tages (am 8. Juni 1972) sind wir früh aufgestanden, haben Reis gekocht und sind zu den Unterständen gegangen, weil es die ganze Nacht nicht aufgehört hatte zu schießen. Wir ahnten schon, dass heute etwas passieren würde. Die Soldaten des

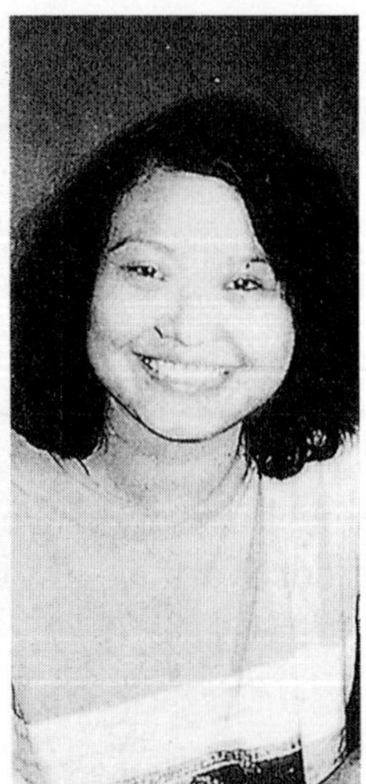

Die neunjährige Kim Phuc Ti und ihr Bruder nach einem Napalm-Angriff der US-Luftwaffe, Vietnam 1972
Kim Phuc kann heute wieder lachen.

Vietcong waren schon drei Tage im Dorf. Als das Schießen schlimmer wurde, kam unser Onkel und schickte uns in die *Pagode.* Unsere Eltern kamen später nach. Auf einmal schrie einer: ‚Sie schmeißen Bomben!' Wir hörten die Flieger herunterheulen und die ersten Explosionen. Und gleich danach wurde auch die Pagode getroffen. Das Dach fing an zu brennen. Und dann schrie einer: ‚Raus! Raus! Hier verbrennen wir alle!' Alles drängte zu den Türen und wir rannten ins Freie. Aber überall brannte es und wir wussten gar nicht, wo wir hin sollten. Wir rannten um die Pagode herum und kamen an Onkel Tams Zaun. Da konnten wir nicht rüber, aber unser Onkel hob uns über den Zaun. Dabei hast du dir doch so weh getan, weißt du noch Phuoc?"

„Und weißt du noch, wie spät es war?"

„Ja, zwei Uhr nachmittags."

„Richtig! Und dann liefen wir die Straße entlang zur Brücke. Da kamen die Flugzeuge noch einmal zurück. Ich blickte hoch und sah eines auf uns niederstoßen. Und dann kam eine ohrenbetäubende Explosion, hinter uns schoss eine Wand aus Feuer hoch. Wir fielen alle hin – und plötzlich wurde mein Kopf ganz heiß – und alle schrien . . ."

„Mit einem Mal waren auch Soldaten da, die sprangen auf uns zu, einer rief: ‚Reiß ihr doch die Kleider runter!' Ich schaute mich um, da warst du auf einmal ganz nackt."

Vietnamesisches Mädchen mit seiner verwundeten Schwester im Arm; im Hintergrund südvietnamesische Soldaten

„Ja, ich sah überhaupt nichts mehr, nur noch Feuer. Dann riss mir ein Soldat die Sachen runter, aber seine Hände, die brannten auch. Dann war ein anderer da, der hatte seine Jacke ausgezogen und warf sie auf mich. Es war furchtbar! Ich schrie, weil es so heiß war, so unerträglich heiß. Als das Feuer aus war, riss mich einer hoch und sagte, ich solle laufen, so schnell ich kann. Und dann sah ich auch meine Brüder und war froh und wir rannten, rannten, rannten. Und während wir liefen, sah ich meine ganze Zukunft vor mir: Ich wusste, dass ich verbrannt war und dass ich viel zu leiden haben würde."

Pagode
Turm eines buddhistischen Tempels

- *Betrachte das Bild auf Seite 56 genau. Stell dir vor, du seist irgendeine der abgebildeten Personen. Schreibe auf, was du in diesem Augenblick spürst, wie du dich fühlst, woran du denkst.*
- *Das Bild erschien 1972 in vielen bedeutenden Zeitungen der ganzen Welt und verstärkte auch in der westlichen Welt die Kritik an der Vorgehensweise der USA in Vietnam. Hast du eine Erklärung dafür?*

„Dann kamen wir an die Brücke, da waren all die anderen. Und da war ein Auto, das wollte uns mitnehmen, aber wir wollten auf Onkel Tam warten, der suchte das verbrannte Baby."

„Und da waren auch die Reporter, weißt du noch, die Wasser über dich geschüttet haben und uns etwas zu trinken gaben, und wie wir getrunken haben, noch und noch! Und dann bist du ohnmächtig geworden."

„Ja, ich wusste gar nichts mehr. Nur noch: heiß, heiß, heiß!"

„Dann sind wir alle ins Krankenhaus gefahren worden. Später kam ein Hubschrauber, der brachte dich fort. Wir sind ein paar Tage im Krankenhaus geblieben. Als alles vorbei war, sind wir zurückgefahren. Vater, Mutter, Phuoc und ich – die Tante blieb im Krankenhaus wegen ihres verbrannten Beines und Onkel Tam blieb bei ihr, sie war ja dann so krank, weil sie doch ihre beiden Kinder verloren hatte."

„Also wir fuhren nach Trang Bang – nach Hause und da sah ich, dass unser Haus zerstört war, verbrannt das ganze Dach. Wir haben so geweint. Vater kaufte dann Material und wir haben es wieder aufgebaut, notdürftig, aber anderthalb Jahre später verbrannte es noch einmal. Gott sei Dank war niemand drin."

„Und du?"

„Ich weiß nichts von später. All die Monate im Krankenhaus ... Ich weiß nur, dass ich immer im Feuer lag – diese schreckliche Hitze in mir, immer diese Hitze! Und morgens kamen sie und wechselten die Verbände. Das tat so weh! Dann schrie ich und schrie ich. Ganz gleich, was die Ärzte auch sagten – ich nannte das meine tägliche Sterbestunde."

Anfangs erzählen die Geschwister nur stockend. Lächelnd. Aber dann erinnern sie sich gegenseitig an Einzelheiten, fragen sich, antworten und reden sich in Eifer. Und nun sitzen alle drei mit gesenkten Köpfen. Bis Tam, der Älteste, aufblickt und sagt: „Seit ich geboren wurde, bis 1975, kannte ich nur Krieg, nur Schießen und Bomben. Und Angst vor dem Tod. Ich habe nicht verstanden, warum ich immer Angst haben musste. Ich habe immer gedacht, meine Eltern könnten sterben und wir könnten allein bleiben. Als die Bomben fielen und wir rannten, da habe ich gedacht: Jetzt ist es soweit, wir sind allein übrig geblieben. Ich war so froh, als ich sie wiederfand. Aber dann warst du so verbrannt und ohnmächtig. Was für eine merkwürdige Schwester ich habe, dachte ich, jetzt ist sie tot. Das kann man alles gar nicht mit Worten beschreiben. Ich möchte in Frieden leben, im Kreis meiner Familie. Jetzt haben wir Frieden, aber nicht überall. Wenn ich an all das Vergangene denke, macht es mich ganz traurig. Wenn doch überall Frieden wäre!"

Und Kim Phuc fügt hinzu: „Ich hasse niemanden. Aber ich hasse den Krieg! Ich möchte dem Frieden dienen, aber ich bin nicht stark genug."

I have a dream

Martin Luther King, der Mann, der die Gleichberechtigung der Farbigen in den USA mit der Methode der Gewaltlosigkeit durchzusetzen versuchte, steht im Ansehen einer breiten Öffentlichkeit nicht mehr hoch im Kurs. Nicht wenige Schwarze in den USA bezeichnen King heute als einen weltfremden Träumer. Stimmen, die darauf beharren, er verdiene es, dass man sich seiner erinnere, sind selten. Gewiss hängt die Entwertung, die die Lehre und das Werk Kings seit seinem Tod erfahren haben, auch damit zusammen, dass man, vor allem in den USA selbst, zu hohe Erwartungen in die Möglichkeiten des gewaltfreien Protests gesetzt hatte. Was verbirgt sich hinter Kings Idee?

Baptisten
Eine den Protestanten nahe stehende Kirche, in der die Taufe erst im Erwachsenenalter gespendet wird

Martin Luther King stammte aus einer Familie, die über drei Generationen hin immer wieder sozial engagierte *Baptisten*prediger hervorgebracht hat.

Zu Martins engsten Freunden gehörten zwei Kinder eines Kaufmanns. Sie spielten täglich zusammen ohne darüber nachzudenken, dass sie verschiedenen Rassen angehörten, bis zu ihrem ersten Schultag. Dann gingen die Kaufmannskinder in eine Schule nur für Weiße und Martin ging in eine Schule für Schwarze. Aber ihr Spiel ging zunächst noch weiter wie vorher. Als es Zeugnisse gab, wollte der ehrgeizige Martin seine Noten mit denen seiner Freunde vergleichen. Da verbot die Mutter ihren Kindern, mit dem jungen King zu spielen. Die Kinder sagten Martin, er sei schwarz und sie seien weiß, und erklärten ihm, was das zu bedeuten habe. Da lief er weinend heim zu seiner Mutter.

Zwei Jahre später nahm sein Vater ihn mit in die Innenstadt, um Schuhe einzukaufen. Vater und Sohn setzten sich im Laden nahe dem Eingang, um sich bedienen zu lassen. Ein weißer Verkäufer kam zu ihnen und sagte Pfarrer King, er würde ihn und seinen Sohn gern bedienen, nur müssten sie sich in den hinteren Teil des Ladens setzen. Der Pfarrer antwortete, er fände die Sessel im vorderen Teil des Ladens in Ordnung. Nun wurde der Verkäufer bestimmter, er bedauere, aber die beiden müssten sich nach hinten setzen. Da verlor Vater King die Geduld: „Wir kaufen entweder auf diesen Stühlen Schuhe oder wir kaufen überhaupt keine Schuhe!“ Dann nahm er Martin bei der Hand und verließ zornig den Laden. Als Kommentar erklärte er seinem Sohn: „Ganz gleich, wie lange ich unter diesem System zu leben habe, anerkennen werde ich es niemals. Ich

Höhepunkt der US-Bürgerrechtsbewegung: der „Marsch auf Washington“ (1963). Die gewaltlose Massendemonstration von 200 000 Bürgerrechtlern unter Führung von M. L. King sollte den Forderungen der Schwarzen nach voller Gleichberechtigung Nachdruck verleihen. Ralph Abernathy spricht vor dem Lincoln Memorial zu den Kundgebungsteilnehmern. An derselben Stelle hielt King seine berühmte Rede „I have a dream . . .“

werde mich ihm bis zum Tage meines Todes widersetzen."
Kurz vor dem Ende seiner Highschool-Zeit war der junge King entschlossen Arzt zu werden. Dies würde ihm die Möglichkeit geben leidenden Menschen zu helfen. Seine ganz große Stärke war jedoch schon im letzten Schuljahr vor dem Übergang zur Universität die ungewöhnliche Redegewandtheit, die ihm bei Wettbewerben manchen Sieg einbrachte. Einmal war er mit Schulkameraden zusammen auf der Rückfahrt von einem Debattierwettbewerb in Valdosta im Staat Georgia. In dem leeren Bus, den sie bestiegen, setzten sich die Jungen auf die Plätze, die ihnen am besten gefielen. Der Fahrer des Busses verlangte, sie sollten die vorderen Plätze für weiße Fahrgäste, die möglicherweise später einsteigen würden, räumen. Die jugendlichen Schwarzen weigerten sich. Ihr älterer Lehrer redete bittend auf sie ein, bis sie endlich nachgaben. Der weiße Fahrer war über den Ungehorsam voller Wut und nannte sie „schwarze Hundesöhne". King sagte später, er sei in seinem ganzen Leben nie so zornig gewesen wie in dieser Nacht. Während des Krieges machte er im Sommer 1944 eine Reise in den Norden. Auf der Rückfahrt musste er im Speisewagen hinter einem Vorhang sitzen, damit die weißen Reisenden denken konnten, nur ihre Rasse sei in dem fahrenden Restaurant vertreten.

Protest weißer US-Amerikaner gegen die Bürgerrechtsbewegung

Eine Krise machte der Junge durch, als endgültig die Berufswahl anstand. Er war hoch begabt. Durch seine Familie, die zum dünnen schwarzen Mittelstand gehörte, stand ihm im Gegensatz zu den meisten seiner schwarzen Kameraden der Weg an die wenigen qualifizierten Colleges und Universitäten, die für Schwarze zugängig waren, offen. Seine ausgeprägte Redebegabung schien nahezulegen, dass auch er wie sein Großvater und sein Vater Prediger wurde. Aber er schwankte noch. 1947 aber wurde Martin Luther

schließlich doch in der Kirche seines Vaters zum Pfarrer geweiht.
1955 kam Dr. Martin Luther King mit seiner jungen Frau Coretta nach Montgomery in Alabama und übernahm dort die Pfarrstelle an einer Baptistenkirche. Dann kam es am 5. Dezember 1955 zu einem bedeutsamen Ereignis: Mrs. Rosa Parks, eine schwarze Wäscherin, weigerte sich die Rassenschranke in den städtischen Autobussen zu akzeptieren. Der Fahrer wies sie aus dem Wagen. Mithilfe der schwarzen Pfarrer, die die Mitteilung von den Kanzeln herab verlasen, wurde zu einem zunächst eintägigen Boykott aller öffentlichen Verkehrsmittel in der Stadt aufgerufen und für die arbeitende schwarze Bevölkerung wurden Mitfahrgelegenheiten organisiert.
Dreizehn Monate gingen die Schwarzen von Montgomery zu Fuß. Die Busgesellschaft musste beträchtliche finanzielle Verluste hinnehmen. Endlich, am 21. Dezember 1956, wurde die Rassenschranke in den Autobussen durch einen Beschluss des amerikanischen Bundesgerichtes aufgehoben.
Als Redner, Organisator und Taktiker der Bewegung des gewaltfreien Widerstands reiste King in dieser Zeit jede Woche 2 000 bis 3 000 Meilen durch die Südstaaten, um Universitätsprofessoren, Studenten, Arbeitern und Dienstmädchen seine Ideen zu erklären. Die Bürgerrechtsbewegung gegen die Rassenschranke und für die vollständige Integration war geboren.

Martin Luther King (links)

Was machte ihre Schlagkraft aus? Sit-ins, go-ins und die *Freedom Rides.* All das hatte es vereinzelt auch schon in den 40er- und 50er-Jahren gegeben.
Das Neue war die Massenbasis und das Engagement der schwarzen Kirche, die als Bindeglied zwischen den verschiedenen sozialen Gruppen diente.
Neben Teilerfolgen (Aufhebung der Rassentrennung in den öffentlichen Verkehrsmitteln, in Läden, Kaufhäusern, Restaurants) wurden in Montgomery im Dezember 1956 zahlreiche Schwarze, die gegen die Rassenschranke protestiert hatten, verhaftet.
Während in Montgomery die Rassenschranke zerbrach, bombardierten weiße Rassisten in Birmingham das Haus eines Bürgerrechtsführers. Es dauerte noch über sechs Jahre, bis unter Führung von King eine Kam-

Freedom Ride
Übersetzt: Freiheitsritt. So wurden Fahrten in Überlandbussen zu Busbahnhöfen bezeichnet, in denen strikte Rassentrennung herrschte, die aber von den Schwarzen nicht beachtet wurde

pagne in dieser Industriestadt von 300 000 Einwohnern beginnen konnte, die damals als ein Hort des weißen Rassismus galt. Polizeichef Connor, genannt „the bull", hatte bei einem örtlichen Gericht durchgesetzt, dass jegliche Demonstration verboten wurde.
Der Bescheid erreichte King in der Nacht zum Karfreitag. Zum ersten Mal beschloss er einen Gerichtsbeschluss zu missachten. Am nächsten Morgen, nach dem Gottesdienst, verließen er und seine Anhänger in Blue Jeans und den grauen Hemden der Industriearbeiter die Kirchen und formierten sich zu einem Protestzug, der sich in Richtung Innenstadt in Bewegung setzte. Tausende schwarzer Einwohner säumten den Weg und unter den Zuschauern sprang der Ruf auf: „Die Freiheit ist nach Birmingham gekommen." Nach wenigen hundert Metern gab Bull Connor seinen Polizisten den Verhaftungsbefehl. King, sein Mitarbeiter und weitere dreiundfünfzig Demonstranten wanderten ins Gefängnis.
Als King am 2. Mai 1963 aus der Haft entlassen wurde, setzte er die Demonstration fort. Diesmal waren auch Jugendliche und Schüler mit dabei. Die Polizeibehörden wussten sich keinen anderen Rat, als abermals zu Massenverhaftungen zu schreiten. Am 6. und 7. Mai wurden rund zweitausend Menschen in Haft genommen. Die Gefängnisse waren überfüllt. Der Sheriff von Jefferson County, zu dem die Stadt Birmingham gehört, verhängte das Kriegsrecht.
Gleichzeitig setzte die Bürgerrechtsbewegung eine weitere höchst wirksame Waffe des gewaltlosen Protests ein. Die schwarze Bevölkerung folgte diszipliniert dem Aufruf die Geschäfte im Zentrum von Birmingham zu boykottieren. Die Geschäftsleute schätzten ihre Verluste auf 750 000 Dollar. John A. Williamson, ein Mitglied der Handelskammer von Birmingham, zog das Fazit: „Unruhe ist schlecht fürs Geschäft und die Geschäftswelt muss

Plakat für Amnesty International, Entwurf von Heinz und Ellen Diesel derartige Schwierigkeiten vermeiden, unbeschadet ihrer persönlichen Ansichten und Sympathien.“ Am 9. Mai 1963 entsprachen schließlich die Geschäftsleute von Birmingham den Forderungen der Schwarzen nach Aufhebung der Rassentrennung in Gaststätten und Anproberäumen und nach Einstellung von schwarzen Arbeitskräften.

Ende 1963 fand aus Anlass des 100. Jahrestages der Aufhebung der Sklaverei jener Marsch nach Washington statt, der zur größten und eindrucksvollsten Demonstration der Bürgerrechtsbewegung wurde. Eine Viertelmillion Menschen, darunter 60 000 Weiße nahmen an der Aktion teil.

Spät am Nachmittag dieses Tages trat King an das Rednerpult. Zunächst begann er einen vorher ausgearbeiteten Text zu verlesen, bald jedoch ging er zur Improvisation über, so wie das auch beim Gottesdienst in einer Baptistenkirche üblich ist. Und wie dort die Gemeinde dem Pfarrer mit Zurufen antwortet, so kamen auch hier immer wieder Rufe aus der Menge.

Wie einen Refrain wiederholte King von Zeit zu Zeit immer wieder den Satz: „I have a dream, ich habe einen Traum!“

„Immer, trotz aller Schwierigkeiten und Enttäuschungen des Augenblicks habe ich von einem Tag geträumt, an dem Frieden sein wird, an dem die Söhne der früheren Sklavenhalter und die Söhne der früheren Sklaven sich in Brüderlichkeit zusammensetzen . . .

Ich träume davon, dass meine vier kleinen Kinder eines Tages inmitten einer Nation leben, in der sie nicht nach der Farbe ihrer Haut, sondern nach ihrem Charakter beurteilt werden.

Ich träume davon, dass eines Tages der Staat Alabama . . . in einen Staat verwandelt sein wird, in dem kleine schwarze Jungen und kleine schwarze Mädchen kleinen weißen Jungen und kleinen weißen Mädchen die Hand reichen und mit ihnen als Schwestern und Brüder zusammenleben . . .“

Der Bruch zeichnete sich im Sommer 1966 ab. James Meredith, der als erster Schwarzer die Zulassung zur rein weißen Staatsuniversität von Mississippi erreicht hatte, war aus dem Hinterhalt angeschossen worden. King plante einen Pro-

Massendemonstration in Washington
Über 200 000 Bürgerrechtler beteiligten sich im Jahre 1963 daran.

- *Erkläre die Formen des „gewaltfreien Widerstands“.*
- *Welche Ziele verfolgten M. Luther King und seine Anhänger mit ihren Aktionen?*
- *Gibt es auch heute noch Gruppen, die ähnlich wie die Schwarzen in den USA benachteiligt werden?*
- *Diskutiert: Bei welchen Gelegenheiten können Formen des passiven Widerstands angebracht sein?*

Black Power
Parole der Bürgerrechtsbewegung, die seit 1966 die Schaffung eines unabhängigen Staates der Schwarzen auf dem Gebiet der USA anstrebte

testmarsch durch den Bundesstaat Mississippi. Einige schwarze Studenten forderten, dies müsse ein rein schwarzer Marsch sein. Die Gruppe sang nicht mehr die alte Hymne der Bürgerrechtsbewegung „We shall overcome" (Wir werden es überwinden), sondern rief „We shall overrun" (etwa: wir werden sie überrennen).

Durch die Vorstellungen der *Black-Power*-Bewegung schien damals ein Rassismus mit umgekehrten Vorzeichen, ein schwarzer Rassismus, zu drohen.

Die Gefahren dieser Entwicklung hat King früh erkannt. Er wollte ihnen dadurch begegnen, dass er beim Marsch der Armen im Jahr 1968 die Diskriminierten und Elenden aller Rassen zusammenführte. Doch ehe es dazu kam, wurde Martin Luther King in Memphis, wo er sich bemüht hatte einen zu Gewalttätigkeiten ausufernden Proteststreik der Müllarbeiter in die Bahnen gewaltfreien Protests zurückzuführen, am 4. April 1968 erschossen.

Das durch Gewalt bewirkte Sterben des großen Führers einer gewaltlosen Bewegung löste in ganz Amerika eine Welle von gewalttätigen Protesten aus.

Er lebt im Herzen seines Volkes

Zwei Prozent der Bevölkerung, reiche Kaffeefarmer-Familien, kontrollieren zwei Drittel des Bodens von El Salvador, dem kleinsten und am dichtesten besiedelten Land Mittelamerikas. Die meisten Menschen verdienen nicht einmal 300 Dollar im Jahr. Jeder dritte stirbt an Unterernährung, nur jeder fünfte hat während des ganzen Jahres Arbeit. Auf dem Land leben die Menschen zu fünft oder sechst in einem einzigen armseligen Raum. Sechs von zehn Kindern, die dort geboren werden, sterben. Viele junge Menschen strömen deshalb in die Hauptstadt San Salvador, wo sie jedoch keine Arbeit finden und ein kärgliches Dasein in den Slums fristen, die Müllhalden gleichen. Wechselnde Diktaturen und Militärregierungen haben an diesen Verhältnissen nichts geändert.

Oscar Arnulfo Romero y Galda'mez, 1917 in der Kleinstadt Giudad Barrios geboren, war ein fleißiger Schüler und studierte an der päpstlichen Universität in Rom. Mit 24 Jahren zum Priester geweiht, kehrte er als Dorfpfarrer von Anamoros in sein Heimatland zurück. Die einzelnen Stufen der kirchlichen Karriereleiter waren schnell erklommen.

Als Bischof des neu gegründeten, von Baumwollpflanzern und Kaffee-Exporteuren beherrschten Bistums Santiago de Maria kümmerte er sich wenig um die *Basisgemeinden.* Als Romeros Ernennung zum Erzbischof der Hauptstadt San Salvador bekannt wurde, erörterte man in Kreisen sozial engagierter Priester ernsthaft die Frage, ob man mit diesem Mann gemeinsam *Eucharistie* feiern könne. Manche Pfarrer dachten daran den Arbeitsplatz zu wechseln.

Seine Ernennung, so schien es, passte genau in die Bestrebungen des Vatikans und des Militärregimes wieder engere Beziehungen zu knüpfen. Romero selbst gab später im Gespräch mit kritischen Priestern seines Bistums unverblümt zu: „Ich hatte die Aufgabe mit euch allen aufzuräumen!"

Doch noch vor seiner offiziellen Amtsübernahme wurden drei Priester aus Belgien und den USA, die in Basisgemeinden arbeiteten, gefoltert und aus dem Land gejagt. Romeros Amtsvorgänger fand den zerstückelten Leichnam des Mitbruders Rafael Barahona vor seiner Tür. Wenige Tage später flüchteten Tausende von Menschen, die auf der Plaza Libertad gegen betrügerische Wahlmanipulationen protestieren wollten, vor der anrückenden Nationalgarde in die nächstgelegene Kirche. Die Soldaten veranstalteten ein blutiges

Basisgemeinde
Pfarrgemeinde, in der man gemeinsam mit dem Priester versucht das soziale Elend durch geeignete Maßnahmen zu lindern

Eucharistie
Bezeichnung für die Hl. Messe in der katholischen Kirche

Ministrant
Helfer des Priesters im katholischen Gottesdienst, Messdiener
Monseñor
Ehrentitel für verdiente Priester in der katholischen Kirche
exkommunizieren
Strafe in der katholischen Kirche, die einen Einzelnen vom Empfang der Sakramente ausschließt
Interdikt
Strafe in der katholischen Kirche, die verbietet an einem bestimmten Ort die Sakramente zu feiern

Massaker unter denen, die nicht schnell genug geflohen waren, und versuchten die Leute in der Kirche mit Gas auszuräuchern. Der neue Erzbischof war nicht da; er holte gerade seine Sachen aus seinem bisherigen Bistum.

Als Romero zurückkam, hörte er in fassungslosem Schweigen, was geschehen war. Dann sagte er seinen Mitarbeitern ganz ruhig: „Jeder geht nach Hause und hilft. Öffnet eure Türen allen, die sich in Gefahr glauben. Überprüft, ob sie wirklich verfolgt werden; wenn ja, dann nehmt sie herein und versteckt sie. Ich werde jeden Morgen im Versammlungsraum des Erzbistums sein. Alle, die Neuigkeiten haben oder Orientierungshilfen brauchen, sollen kommen."

Kleinbauern und Landarbeiter kommen mit ihren Familien und ihrem wenigen Besitz in die Stadt.

Knapp zwei Wochen darauf fuhr der junge Jesuitenpater Rutilio Grande zusammen mit einem siebzigjährigen Bauern und einem fünfzehnjährigen *Ministranten* nach El Paisnal, um die Messe zu feiern und eine Protesterklärung der Bischöfe gegen die Ausweisung seiner Mitbrüder zu verlesen. Heckenschützen, von der Organisation der Großgrundbesitzer bezahlt und mit Polizei-MPs bewaffnet, durchsiebten das Auto mit Geschossen. Alle drei waren auf der Stelle tot. *Monseñor* Romero stand erschüttert vor den drei Leichen, die unter blutigen Leinenfetzen auf dem Boden von Pater Rutilios Kirche lagen. Er begrub sie als Märtyrer hier im Gotteshaus, ohne auf die Genehmigung der Behörden zu warten. Den Staatspräsidenten setzte er davon in Kenntnis, dass er bis zur Aufklärung der Bluttat an keiner offiziellen Veranstaltung teilnehmen werde. Die Bischofskonferenz *exkommunizierte* die Urheber des Massakers und verhängte das *Interdikt* über El Salvador: Im ganzen Land – außer in der Kathedrale der Hauptstadt – wurde am folgenden Sonntag kein Gottesdienst gefeiert. Die Kirche, der man ihre Priester genommen hatte, zeigte schweigend ihre Trauer.

Die Beförderung zum Erzbischof der Hauptstadt war für Oscar Romero wie ein Fronterlebnis: Hier, wo die Auseinandersetzungen am heftigsten tobten, begriff er, dass in El Salvador eine Christenverfolgung im Gange war, eine Christenverfolgung neuer Art, wie sie längst für viele Länder Mittel- und Südamerikas charakteristisch geworden ist. Es sind nicht mehr heidnische *Tyrannen* oder *Propagandisten* fremder Religionen, die dem armen Christenvolk nachstellen, sondern seine eigenen reich und mächtig gewordenen Brüder. Innerhalb weniger Jahre wurden in El Salvador sieben Priester umgebracht und Hunderte von *Laien* im kirchlichen Dienst: Katecheten, Lehrer, Bauernführer, Gewerkschafter.

Der Priester Alfonso Navarro, 35 Jahre alt, fiel den Kugeln Maskierter zum Opfer, weil er auch nach einem Bombenanschlag auf sein Auto nicht aufgehört hatte im besseren Viertel von San Salvador unbequeme Predigten zu halten. Der Pfarrer Neto Barrera, Mitglied der Befreiungsbeweung „Fuerzas Populares de Liberacion", fand angeblich bei einer Schießerei mit Nationalgardisten den Tod (die Gerichtsmediziner entdeckten Spuren von Folterungen an seinem Körper).

Romero war erst drei Monate im Amt, da überfiel das Militär mit Fallschirmspringern, Panzern und Maschinengewehren das Dorf Aguilares. Notleidende Landarbeiter hatten ein brachliegendes Landstück besetzt und der Eigentümerin angeboten Pacht dafür zu bezahlen. Doch bevor die Verhandlungen abgeschlossen waren, rückten die Soldaten an. Sie durchsuchten alle Wohnungen, verhafteten jeden, der eine Bibel besaß. Viele Menschen wurden verschleppt, die Priester ausgewiesen. Offiziell wurden sieben Tote gezählt.

Die Pfarrkirche machten die Uniformierten für einen Monat zu ihrem Hauptquartier. Der *Tabernakel* wurde zerschossen, die geweihten Hostien mit Stiefeln zertreten, der Mesner vom Turm gestürzt und getötet, als er die Sturmglocke läuten wollte. Romero, dem man den Zutritt zur

Tyrannen
Gewaltherrscher
Propagandist
Jemand, der etwas öffentlich verkündet und anpreist
Laien
In der katholischen Kirche Bezeichnung für nicht Geweihte
Tabernakel
Lat.: Schränkchen, in dem in katholischen Kirchen die Hostien aufbewahrt werden

Die so genannten Favelas in Rio de Janeiro; Wohnviertel der in die Stadt zugewanderten, meist arbeitslosen Landbevölkerung

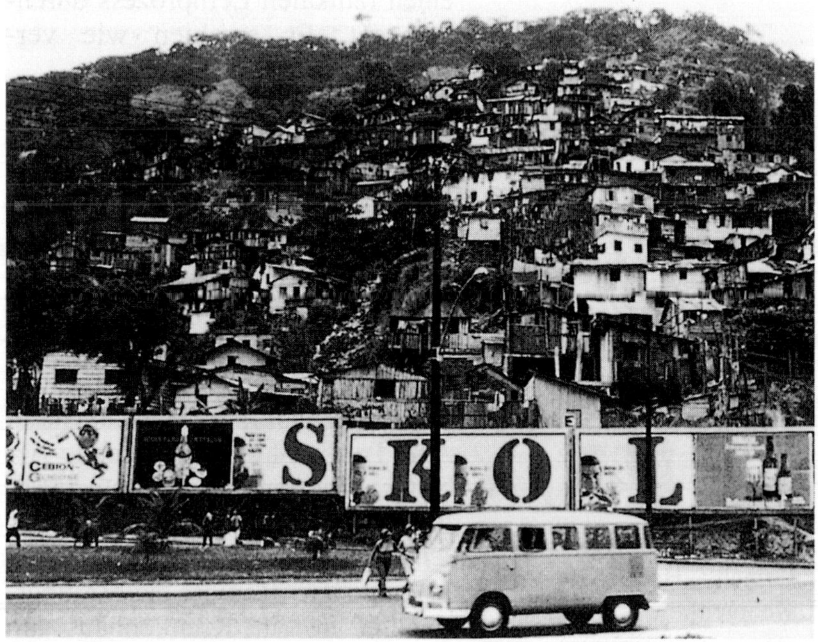

Elendsquartier in einer südamerikanischen Großstadt

Kirche verweigert hatte, als er die Hostien aus dem Tabernakel retten wollte, bezeichnete dieses Erlebnis später als seine Bekehrung. In wenigen Monaten hatte er, der bisher so still und vorsichtig erschienen war, einen radikalen Lernprozess durchgemacht. Er erschien wie verwandelt.

Die Tür seines Büros ließ er grundsätzlich offen. Wenn er mit seinem Latein am Ende war, versammelte er alle Mitarbeiter in der großen Halle des Bischofspalais und fragte sie reihum nach ihrer Meinung. Und eines Tages funktionierte er diese Halle kurzerhand zu einer Cafeteria um. Die Bischofs-Cafeteria wurde zur Informationsbörse der Hauptstadt, zum Treffpunkt für streikende Arbeiter, Bauern, Studenten, Professoren, politisch Verfolgte, durchreisende Bischöfe, ausländische Journalisten. Romero selbst übersiedelte in ein Krankenhaus am Stadtrand, wo er nachts mehr Ruhe hatte.

Die Armen, für Monseñor Romero war das keine abstrakte Klasse, die Armen hatten Gesichter, Namen, Familien, Wunden.

„Der Grund unserer Übel ist die *Oligarchie*", stellte er in einem Interview unmissverständlich fest, „ein kleiner Teil von El Salvador, der sich nicht um den Hunger der Menschen kümmern will. Weil sie ihre Gewinne vergrößern wollen, müssen sie das Volk unterdrücken."

Am Passionssonntag, dem 23. März 1980, redete Oscar Romero deshalb Klartext in der Kathedrale: „Ich werde mein Volk nicht verlassen", versprach er, „sondern mit ihm alle Risiken durchlaufen, die mein Amt erfordert." Er wisse, dass er auf der Schwarzen Liste stehe. Aber die Stimme der Gerechtigkeit könne man nicht umbringen. „Wenn sie mich töten, werde ich im Volk von El Salvador wieder auferstehen!"

„Im Namen Gottes", Romero legte seine ganze Leidenschaft in diese Worte, „im Namen Gottes und seines von langen Leiden gequälten Volkes, dessen Klagen tagtäglich im Himmel gehört werden, bitte ich, flehe ich, befehle ich: Im Namen Gottes, macht Schluss mit der Unterdrückung!"

Das machte das Maß voll. Am nächsten Tag, dem 24. März, wartete ein Scharfschütze auf den Erzbischof, als er in der Kapelle des Krankenhauses, wo er wohnte, eine Toten-

Oligarchie
Griech.: Herrschaft von wenigen

messe feierte. Es sollte sein eigenes *Requiem* werden.
„Es ist zwecklos sich selbst zu lieben, sich vor den Gefahren des Lebens zu hüten“, sagte Romero in seiner letzten Predigt. „Die Geschichte stellt die Menschen in diese Gefahren und wer ihnen ausweichen will, verliert sein Leben. Wer sich dagegen aus Liebe zu Christus in den Dienst der anderen stellt, wird leben.“
In diesem Augenblick peitschten Schüsse durch die Kirche. Dumdumgeschosse, eine heimtückische Munition, die im Körper explodiert und verheerende Wirkungen anrichtet, trafen Oscar Romero in den Kopf und ins Herz. Der Erzbischof sackte am Altar zusammen. Dicke Blutströme rannen ihm aus Mund und Ohren. Die Nonnen, die sich weinend um ihn bemühten, hörten ihn noch flüstern: „Möge Gott mit meinen Mördern Erbarmen haben!“
Oscar Arnulfo Romero starb nach wenigen Minuten auf dem Transport in die Klinik. Sein Mörder und dessen Komplizen entkamen in der allgemeinen Panik unerkannt. Die Spuren des Attentats führten in die Militärkasernen.
Zur Beisetzung des Erzbischofs am Palmsonntag fanden sich 80 000 Menschen auf dem Platz vor der Kathedrale ein, viele mit Palmzweigen in den Händen. „Monseñor Romero ist nicht gestorben“, verkündete ein Spruchband über dem Portal seiner Bischofskirche, „er lebt im Herzen des Volkes.“
Während der mexikanische Kardinal Ernesto Corripio Ahumada Romero als Märtyrer der Gerechtigkeit rühmte, detonierte eine Brandbombe auf dem überfüllten Platz. Bischöfe sagten später aus, sie sei aus dem zweiten Stock des Regierungsgebäudes geworfen worden. Hunderte *Guerilleros* zogen Revolver und Maschinenpistolen aus Handtaschen und Rucksäcken und feuerten zurück. Panik brach aus, die Trauergäste drängten in die Kathedrale, um dort Schutz zu suchen. Ständig explodierten Bomben, schreiende Menschen glitten in den Blutlachen aus und wurden niedergetrampelt.
Unter Lebensgefahr entfernten Priester die Stühle der Bischöfe und den Thron des Kardinals, um das Portal frei zu machen. Der Sarg mit Romeros Leiche wurde überrannt, sein Deckel sprang auf. In der Kathedrale drohten die Menschenmassen in Rauch und drückender Hitze zu ersticken. Während das Feuergefecht auf dem Platz andauerte – drei Stunden lang wurde geschossen –, versenkte man den Leichnam Romeros eiligst in der *Krypta* einer Seitenkapelle. Über San Salvador wurde der Belagerungszustand verhängt. Auf dem Platz zählte man danach 39 Tote und 200 Verwundete. Das Land versank im Bürgerkrieg.

Requiem
Bezeichnung für eine Totenmesse
Guerilleros
Mitglieder bewaffneter Gruppen, die einen Kleinkrieg führen
Krypta
Unter dem Kirchenschiff liegender Raum, in dem sich häufig Grabstätten befinden

- *Erkläre, was den Sinneswandel des Bischofs veranlasst hat.*
- *Informiere dich über die Lebensverhältnisse in anderen mittelamerikanischen Ländern.*
- *Diskutiert: Gehört es zu den Aufgaben der Kirche soziale Missstände anzuprangern und zu beseitigen?*

Lesetipps

Der Ost-West-Konflikt und das Ende der Sowjetunion

Bruckner, Karl: Tuan im Feuer, Wien 1977
Die leidvollen Erlebnisse des Buben Tuan im Vietnamkrieg. Anklage gegen die Greuel des Kriegs und ein Aufruf für den Frieden.

Enzensberger, Hans Magnus: Eszterhazy. 6. Auflage 1996
Berliner Mauer.

Nuscheler, F.: Nirgendwo zu Hause, dtv
Sachbuch über Flüchtlinge in Geschichte und Gegenwart.

Schach, R.: Ein Windhauch weit bis Yung Tu, Arena 1991
Erzählung über die Flucht der Boat-People.

Weiss, W.: Fremde im Land, Wien 1990.
Informationen zu heutigen Wanderungsbewegungen.

Österreich 1945 bis heute

5 Tage hat die Woche oder Die kleine Freiheit, Wien 1983
Bekannte Kinder- und Jugendbuchautoren berichten in 23 verschiedenen Kurzgeschichten zum Thema Arbeitswelt heute.

Gamillscheg, Felix: Die Getäuschten, Wien 1980
Dieser Roman eines kriegsgefangenen Österreichers, der für Deutschland in den Krieg gezogen war, zeigt die allmähliche Selbstfindung des vom NS-Mythos Getäuschten.

Klement, Robert: Durch den Fluß, Wien 1987
Das Buch schildert das Flüchtlingsschicksal zweier junger tschechischer Grenzsoldaten.

Kutsch, Angelika: Man kriegt nichts geschenkt, Stuttgart 1973
Arbeitswelt und Familiensituation einer Hauptschulabgängerin.

Neumann, Robert: Die Kinder von Wien, Weinheim 1979
Sechs Kinder leben in der Nachkriegszeit in einem Trümmerkeller. Die Erzählung verdeutlicht das ungeheure Ausmaß von Not, Hunger, Krankheit und Verzweiflung.

Nöstlinger, Christine: Maikäfer, flieg!, München 1980
Die Autorin berichtet über ihre eigenen Erlebnisse als neunjähriges Mädchen in Wien im Jahr 1945.

Nöstlinger, Christine: Zwei Wochen im Mai, Beltz 1981
Zwei Wochen einer Nachkriegskindheit in Wien.

Recheis, Käthe: Geh heim und vergiß alles, Wien 1980
In diesem Buch wird die Stiuation in einem Dorf in Oberösterreich nach der Auflösung des dortigen Konzentrationslagers geschildert.

Unger, Heinz: Das Kellerkind
Überleben in den Katakomben von Wien 1945.

Die Dritte Welt und der Nord-Süd-Konflikt

Berka, Michael: Geradeaus nach Süden, Arena 1982
Die sozialen Probleme Brasiliens werden zwar optimistisch, aber nicht illusionär geschildert.

Feustel, Günter: Ein Indio darf den Tag nicht verschlafen, München 1981
Die Geschichte zeigt die harte Realität in Bolivien.

Heidtmann, Horst: Rote Erde, schwarzer Zorn, Lesebuch für ein anderes Südafrika, Baden-Baden 1986
Gedichte und historische Dokumente geben ein Bild Südafrikas.

Jung, Reinhardt: Gita im Loch, Osnabrück o. J.
In diesem Werk wird das Schicksal eines indischen Mädchens in den Slums von Bombay geschildert. (Mit 24 Dias)

Jung, Reinhardt: Kleine Hände, kleine Fäuste, rororo-rotfuchs, 1986.
Kinderarbeit in Lateinamerika.

Markstein, Heinz: Heißer Boden Mittelamerika, Wien 1980
Beschreibung der politischen, wirtschaftlichen und sozialen Verhältnisse in den mittelamerikanischen Ländern.

Verwendete Literatur

Texte (gekürzt und vereinfacht)

Leben in der kleiner werdenden Welt
Original (Wolfgang Hasberg, 1997).

Do you take my laundry?
Filser, Karl / Feigl, Ludwig (Hgg): Haunstetten im Jahre 1945. Zur Erinnerung an das Ende des Zweiten Weltkrieges, Haunstetten 1995, S. 37f.

Auf der Flucht
Die Flüchtlinge, aus: Zierer, Otto: Hundert Geschichten aus 3000 Jahren, Stuttgart 1969, S. 315–318.

Seine Haare hatten keine Farbe mehr
Der fremde Mann, aus: Mayer-Skumanz, Lene: Damals war ich Vierzehn, abgedruckt in: Vom Reich zu Österreich (Taschenlektüre '85), hg. v. Österreichischen Buchklub der Jugend, Wien 1985, S. 178–182.

Morgennebel 1945
Bruckner, Winfried: Die langen Tage – Hoch die freie Republik, Wien 1968, S. 81–83.

Trümmer, Not und Elend
ZVK 3, Arbeitsblätter, ÖBV, Wien

Mein teures Bein
Böll, Heinrich (1948), in: Batzer, Bernd (Hg): Heinrich Böll. Werke, Romane und Erzählungen, Bd 1: 1947–1951, Köln o. J., S. 49–51.

Die Männer von Kaprun
Von Menschen und Maschinen. Wissenschaft und Technik verändern die Welt, S. 55–58.

An der Zonengrenze
Heerdt, Rolf / Heumann, H.: Unser Weg durch die Geschichte. Geschichtserzählungen, Frankfurt a. M. 1967, S. 136–139.

Die Wahl
Michael Sallmann: Die Wahl, in: Geschichte der DDR (Informationen zur politischen Bildung 231), München 1991, S. 26.

Wahnsinn!
Bender, Peter: Der 9. November. Fünf Essays zur deutschen Geschichte, hg. v. Willms, Johannes, 2. Aufl. S. 66ff. Zit. nach: Gonze, Eckart / Metzler, Gabriele (Hgg): Deutschland nach 1945. Ein Lesebuch zur deutschen Geschichte von 1945 bis zur Gegenwart, München 1997, S. 280–282.

Vergilbte Fotos
Bittner, Wolfgang: Vergilbte Fotos, in: Heidtmann, Horst (Hg.): Das ist mein Land. 40 Jahre Bundesrepublik Deutschland, Baden-Baden 1988, S. 189–192. Zit. nach Kronenberg, Martin: Geschichte und Abenteuer, Bd 5, Bamberg 1996, S. 58ff.

Das Ende ihrer Revolution
Bruckner, Winfried: Die langen Tage – Hoch die freie Republik, Wien 1968, S. 103–105.

Manchmal möchte ich wegfliegen
Klare, Margaret: Liebe Tante Vesna. Marta schreibt aus Sarajewo, Weinheim 1994, S. 11f., 62f. u. 77f. Zit. nach: Marta will nicht sterben, in: Lesebuch Geschichte, hg. v. der Akademie für Lehrerfortbildung Dillingen, Berlin 1996, S. 338–340.

Für mich sind Sie Europäer
Eine todernste Geschichte zum Lachen, in: Höfling, Helmut: Menschenzüge – Völkerströme. Das große Buch der Ruhelosen, Reutlingen 1977, S. 301f.

Willkommen im Dorf deiner Ahnen
Amadou kehrt zurück, in: Geschichte mit Pfiff 4/1986, S. 11–14.

Dritte Welt,
ZVK 3, Arbeitsblätter, ÖBV, Wien

Ein Bild geht um die Welt
Pleticha, Heinrich (Hg): Weltgeschichte aus erster Hand, Würzburg 1988, S. 433–435.

I have a dream
Kirsch, Hans-Christian: Gewalt oder Gewaltlosigkeit. Von Robbespierre bis Martin Luther King und Mao Tse-tung. Biographien und Programme bedeutender Revolutionäre, Würzburg 1972, S. 317–331.

Er lebt im Herzen seines Volkes
Steinwede, Dietrich (Hg): Erzählbuch zur Kirchengeschichte, Bd 2, Freiburg/Göttingen 1987, S. 580–589.

Bildquellen

Aus: Erinnern und Urteilen 10, Klett Schulbuchverlag, S. 4/3
Aus: Lemberger, Durch die Vergangenheit zur Gegenwart 4, Österr Agrarverlag, S. 3/2
Aus: Blasig/Bohusch, Von Jesus bis Heute, S. 3/3, S. 66, s. 67, S. 68
Aus: Aus Geschichte lernen, 8. Klasse, ÖBV Wien, s. 4/3
Aus: Filser/Feigl, Haunstetten im Jahre 1945, S. 5
Aus: Heinloth, Geschichte für Gymnasien, s. 6, S. 42/2, S. 63
Aus: Treml, Geschichte des modernen Bayern, S. 7, S. 18
Aus: Zeiten und Menschen, Neue Ausgabe B, Bd. 4, s. 8, S. 16
Aus: Hug, Geschichtliche Weltkunde 1, S. 9, S. 42/1, S. 61
Aus: Kiottev, Die Bundesrepublik Deutschland, S. 10
Aus: Bruckner, Die langen Tage, Verlag Jungbrunnen Wien, S. 12, S. 15, S. 17, S. 43
Aus: Authenrieth, Geschichte heute, S. 13, S. 21, S. 36/1,2, S. 56/1,2
Aus: ZVK 3, Arbeitsblätter, ÖBV Wien, S. 19, S. 55
Aus: Karcher, Otto Dix, S. 20
Aus: Geiss, Epochen und Strukturen 2, S. 22, S. 35, S. 41, S. 57
Aus: Scheichl, Salzburger Landesgeschichte III, S. 24
Aus: Von Mensch und Maschinen, Verlag für Jugend und Volk, Wien, S. 25
Aus: Geschichte und Geschehen IV, S. 27, S. 28
Aus: Schmid, Fragen an die Geschichte 4, S. 29
Aus: Ebeling/Birkenfeld, Die Reise in die Vergangenheit 4, S. 31
Aus: Noch 1945, S. 32, S. 33
Aus: Kleßmann, Die doppelte Staatsgründung, S. 34
Aus: Geschichte und Geschehen, Zeitgeschichte aktuell, S. 37
Aus: Zeiträume 7, Klett, S. 38
Aus: Topic 3/91, S. 39
Aus: Goytisolo, Notizen aus Sarajewo, edition Suhrkamp, S. 44, S. 45/1, S. 46/2, S. 47
Aus: Rathfelder, Krieg auf dem Balkan, S. 45/2, S. 46/1
Aus: Geschichte mit Pfiff 4/1986, S. 50, S. 53
Aus: Westafrika, S. 51, S. 52
Aus: Pleticha, Weltgeschichte 12, S. 59
Aus: Anpassung oder Wagnis, S. 60
Aus: Zielfelder 9/10, S. 62